検証「核抑止論」

DEBUNKING NUCLEAR DETERRENCE　THE NAKED NUCLEAR EMPEROR

現代の「裸の王様」

著者：ロバート・D・グリーン　訳者：梅林宏道／阿部純子

NGO「中堅国家構想」推薦

高文研

日本語版の出版にあたって
——核兵器廃絶運動の分岐点に立って

梅林宏道

本書はロバート・グリーン(Robert Green)の著書『The Naked Nuclear Emperor—— Debunking Nuclear Deterrence』(核の王様は裸——核抑止を暴く）のほぼ全訳である。原著は、2000年4－5月の核不拡散条約（ＮＰＴ）再検討会議に間に合わせて、ニュージーランドの「軍縮・安全保障センター」から発行されたが、国際的なＮＧＯ（非政府組織）の連合体である「中堅国家構想」(ＭＰＩ)の運動のなかで生まれた。原著の題名はアンデルセンの寓話「裸の王様」からとったもので、「核兵器、あるいは核抑止論は、最高の防衛と位置づけられながら、実際には何の役にも立たない」という意味を託したものである。

今、世界の核兵器廃絶運動は、きわめて重要な、そして言葉はふさわしくないかも知れないが「わくわくするような」分岐点に来ている。このまま加速して核兵器廃絶への道を突き進むことになるのか、もう一度迷路にはまりこむことになるのか、の分岐点である。迷路にはまりこめば、人類の未来は危うい。市民の動きがこの動向を左右する鍵を握っている。本書を生み出したＮＧＯ「中堅国家構想」は、同じ志をもつ中堅国家と世界の市民が手を結んで、気運の高まっている核兵器廃絶運動を新しい次元に進めようと奮闘している。同志的な中堅国家としては、アイルランド、スウェーデン、ブラジル、メキシコ、南アフリカ、エジプト、ニュージーランドの7

カ国が参加する「新アジェンダ連合」が具体的な手がかりとなっているが、それに限定されない。しかし、同志国家の条件は、おそらく「核抑止論」批判を共有するかどうか、ということになるであろう。

このように考えると、日本は、残念なことに、今のところその仲間入りができない。日本政府は、核抑止を信じ、アメリカの核の傘に依存した安全保障政策にしがみついているからである。しかし、一方、被爆者や広島市、長崎市を始めとする自治体や、核兵器廃絶を求める日本の市民運動のがんばりのおかげで、日本政府が政策転換を遂げる可能性について、国際社会の期待は失われていない。背後に被爆国の市民の世論が見えているからこそ、日本政府は批判の矢面に立たされず、表面的には敬意をもって遇されているのである。政府関係者は、この点を勘違いしてはならない。

本書の日本語版の出版を急いだ理由は、ここにある。日本の市民は、日本政府の核兵器依存政策を転換させるために集中的な努力をするべきときに来ている。そのことに成功しなければ、被爆国日本の市民は、自分たちの政府が核兵器廃絶の決定的な瞬間を傍観しているか、見当違いの行動をしているか、悪ければ反対側に立っている姿を目撃しなければならない。そのときには、日本の市民はもっとも深いところで、その道義的な挫折を味わうことになるだろう。1998年に、日本が「新アジェンダ声明」に参加できなかったとき、私たちはすでにその予感で、暗澹たる思いに包まれた。本書では、日本の現状について論じるために、著者の了解を得て、最後に梅林が補章を加筆することにした。

冷戦後、核抑止論をとりまく環境は一変した。しかし、冷戦時代に複雑化した核抑止論を、冷戦後の文脈のなかで分かりやすく議論した書物がこれまでなかった。本書はその意味で、貴重な入門書である。

日本の読者を考えたとき、訳者としてあらかじめ前置きしておきたいことがある。それは、「通常抑止」を「核抑止」の過渡期の代案として提示していることに代表されるような著者の主張に、読者の戸惑いがあるかもしれないからである。それが最善の代案か否かは大いに議論をする余地があるであろう。しかし、「通常抑止」が問題の解決にはならないこと、また「核兵器のない世界」の持続は、公正な地球市民社会の実現という大きな過程を視野に入れなければならないこと、など、著者ロバート・グリーンの考え方全体の文脈を忘れないで読み進んでいただきたいと思う。

本書は、ＮＰＯ法人となった「ピースデポ」の事業の一環として出版される。ピースデポの前出版物、ロバート・グリーン著『核兵器廃絶への新しい道――中堅国家構想』（高文研、1999年）の姉妹編となる。原著には、引用文献の詳細なリストが含まれているが、多くは入手が簡単ではない英文の文献であるため、本書では割愛した。原点に触れたい読者は、ピースデポに問い合わせていただきたい。

最後に、訳者の一人阿部純子は、大庭里美、坂本和也、中本健一の各氏に多くの助力を得たことを記し、ここに謝意を表したい。また、ピースデポ事務所の皆さんの応援と高文研の梅田正己氏の理解と協力によって、本書は予定の期日に出版することができた。心から感謝したい。

（2000年10月15日）

本書の刊行に寄せて

ニュージーランド首相
ヘレン・クラーク

長年にわたり、ニュージーランドは核兵器廃絶への国際的な努力の先頭に立ってきました。私たちも、そしてこの目標を支持する多くの人々、組織、そして国々も、疑念と敵意ではなく、信頼と相互の尊敬を通して達成される、民族間の平和的関係に基づいた世界の建設を望んでいます。

核抑止論（そして相互確証破壊の概念――頭文字をとるとＭＡＤという、それにふさわしい単語になります）は、これらの目的と相容れないものです。それは、他の国々の最悪を仮定しており、各国が、相手国の核兵器製造と維持をめざす努力に負けまいとする雰囲気を作り出します。

核軍縮への行く手には、まだ幾多の障害があります。1998年のインドとパキスタンの核実験と、ますます明白になってきているイスラエル、イラン、イラク、および朝鮮民主主義人民共和国（北朝鮮）などの国々の核兵器技術と能力の発展が憂慮されています。ロシアとアメリカはいまだに3万発以上の核兵器を保有しており、それらは発射可能なさまざまな警戒態勢に置かれています。

私たちがしなければならない挑戦は、核抑止論の背後にあるアナクロニズムの正体を暴露することです。この本や、核拡散防止条約に関する交渉のような場が、討論の機会を提供してくれます。21世紀において、国家を超えた諸民族、文化、および貿易の拡大しつづける交流が、民族的偏見を和らげ、冷戦時代の特別な習慣が終息しようとしています。いまこそ、核兵器を廃絶し、世界をすべての民族にとってより安全な場所とするときです。

謝辞

ロバート・グリーン

最初に、序文執筆に快く同意してくださった、ヘレン・クラーク首相に深く感謝する。

そして、この本の製作と配布に財政的援助をいただいたW.オルトン・ジョーンズ財団、中堅国家構想（ミドル・パワー・イニシァチブ）、ウィリ・フェルズ記念財団、ジョセフ・ラウントレー慈善財団、ジャスト・ディフェンス、およびクリスチャン・ピース・エデュケイション財団各位に、厚くお礼申し上げたい。

デビッド・オースティン、マレー・ボール、ヘレン・クラーク、マーク・ダウアー、ギル・ハンリー、ロバート・S・ノリス（天然資源保護評議会）、マイク・シェルトン（キング・フィーチャーズ・シンジケート）、マイケル・スザーボ、ロバート・デル・トレヂッチ、およびガリック・トレメインの各氏からは、写真、漫画、およびその他の図表の使用許可を、こころよく承諾していただいた。

知的貢献をしていただいた方すべてをここに列記するのは不可能である。そこで資料を参考文献とさせていただいたすべての方に感謝を表明する。

その上で、核抑止に関する立場が私とよく噛み合い、私に刺激を与えてくれた２人がいる。かれらはともに元軍人であり、それぞれの政府の核兵器政策の実際的成りゆきについて直接得た知識をもっている。

マイケル・マックグワイアと私は、ともに英海軍諜報部に勤務後、任期終了前に中佐として英国海軍を退役した。共通性はそこまでであった。1960年代と1970年代、彼は英米両国におけるソ連海軍の分析を根底から変革した。つづいて彼は、確立された核抑止論への挑戦を行った。ソ連軍人の考え方に関するかれの深い専門知識のおかげで、それは著しく有効であった。

米空軍リー・バトラー大将（退役）は、1996年、初めて劇的な核抑止論への挑戦を行った。1991年にはアメリカ戦略空軍司令部の総司令官として、また1992年から94年にはアメリカの全核戦力を掌握する統合された戦略軍の総司令官として、彼はこれまで核抑止論に反対して声をあげたなかで、世界で最高の資格をもった抑止論に関する軍人の権威者である。彼は、地位の高さゆえに私よりはるかに大きな危険を冒して、私と同じ道を選んだことに、敬意を表する。

最後になるが、調査を手伝い、助言と激励を与えつづけてくれた私の妻ケイト・デュースと私たちの助手アンナ・パーカーがいなければ、この本を完成させることはできなかったであろう。

◎——もくじ

装丁／商業デザインセンター・松田礼一

はじめに

1998年5月、最大の民主主義国家であるインドが、5回の地下核実験を行ったことを知って、世界は震え上がった。カシミール問題でインドと長い対立関係にあったパキスタンは、何週間かの後に自らの実験でこれに応えた。6月11日、『ブレティン・オブ・ジ・アトミック・サイエンティスツ』は、「終末時計」を5分、深夜に近づけた。時計の針は、1953年には深夜2分前、1984年には3分前、そして今、深夜9分前である。

冷戦が終わって10年近くなる今、どのようにして、こんなことが起こってしまったのだろう？　世界は、ソビエト連邦の崩壊とワルシャワ条約の解体とともに核の悪夢は消えたと思っていた。核保有を宣言した5つの国―合衆国（米国）、ロシア、中国、連合王国（イギリス）とフランス―は、互いの核戦力が相手を標的にしないと約束した。さらに、包括的核実験禁止条約に署名して地下核実験を止めていたのである。膨れ上がった保有核兵器を縮小するための米国とロシアの2国間交渉は進展しているようにみえた。

現状を維持したいという核保有国の計画が問題を起こしているという兆候は、1990年～91年の湾岸戦争のときに現れた。核不拡散条約の加盟国であるにもかかわらず、イラクが――西側の決定的な助力を得て――極秘に核開発を進めていたのが発覚したのである。西側核保有国はこのことから教訓をひき出さなかった。NATOは1991年にその安全保障にとって核兵器は「不可欠」であることを再確認し、ペンタゴンは「ならず者国家」の生物・化学兵器による脅威にたいする抑止としての新しい核兵器の役割を勧告した。米国とイギリス、フランスは、粗製の核兵器製造能力を得ようとしているとして、イラクと北朝鮮をさらし者にし、一方ではフランスなどが密かに助けて製造したイスラエルの200発をこえる弾頭の保有核兵器には目をつむりつづけた。

つぎの恐怖は、1995年1月に起こった。そのとき、ロシア軍が、ロシアに向かっているらしい未確認の核ミサイルをノルウェー上空に発見したのである。大統領が持っている、ロシアの「核のブリーフケース」が初めて起動された。ミサイルがノルウェーの研究ロケットだということが確認されて、惨事はわずか数分のところで回避された。このことで、米国とロシアは、まだそれぞれ2,000発以上の核弾頭を一触即発の発射警戒態勢に保っているという事実に注意が向けられた。そのうえ、コンピューターの2000年問題が起こったときに、両方とも核戦力の警戒態勢を解除しようとしなかったのである。

NATOの東方拡大ののち、経済的困窮と軍の弱体化がすすむロシアは、再び安全保障を核兵器に依存することを発表した。1996年、西側核兵器国は、世界法廷による勧告的意見を無視した。勧告的意見は、核兵器の使用と威嚇は一般的に違法であること、また、核保有国は、広く賞賛をえている化学兵器禁止条約のように、核兵器を禁止する強制力のある国際条約の交渉を行う義務があることを述べたものであった。次には、NATOが国連安全保障理事会の承認を得ずにバルカンに介入したことが、ロシアと中国を遠ざけ、その後の核軍縮の進展がいっそう遅れることを確実にした。信じられないことであるが、30,000発以上もの核兵器が残っている。世界法廷が注意を促したように、実にこれらの兵器は、この惑星の全ての文明と全ての生態システムを破壊する可能性をもっている。

この深まりゆく核軍縮の危機の背景であるとともに、危機をさらに深めているのが、核抑止論への中毒症である。米国、イギリス、フランスを先頭として、核保有国は核抑止を彼らの保有核兵器を維持するための最終的で、必要欠くべからざる論拠としていることが今や明白になっている。それゆえに、核兵器を廃棄する真剣な見通しがあるとすれば、核抑止の正体を暴き、代案を提示しなければならない。

核抑止については膨大な著作があるが、それらは広範囲に散らばり、断片的であり、学術的である。多くの説得力のある意見が、手のとどかない資料の奥深くに埋もれている。私の知る限り、冷戦以来、核抑止論の包括的批判と安全保障を実現する、より安全な代替案を簡潔に１つにまとめる試みは一度もなされなかった。この冊子が必要とされる理由がここにある。

この冊子では、私は第一に、もと核兵器の作戦にかかわった人間として、なぜ、またどのようにして核抑止を拒否したかについて述べる。それに続く章では、この問題の核心、その歴史、そして、核抑止は役に立たず、非道徳的であり、非合法であるという私の結論を支える議論に取り組んだ。最後に、世界を核の深淵から引きもどす可能性をもった代案の安全保障戦略を挙げた。

一般の市民で、この問題についてほとんど予備知識なくこの冊子を読む人が、なぜ、核抑止が服を着ていないのかということ、そして安全保障を手にするためにはもっと安全な方法があるということを、一読したあとに理解してくださればさいわいである。

第１章
私が核を拒んだ理由

私は聖戦にとりつかれていた。経費や結果には慣らされていたし、核の信奉者たちや上官の知恵を信頼しきっていた……。

空っぽの理論であったにもかかわらず、核抑止はカーニバルで売られる安物の霊薬や言葉巧みな奇術のようなものになって、見栄えよく包装され、高値で売られていた。

リー・バトラー空軍大将

❖核飛行隊員

1969年、私は25歳の英国海軍大尉であった。英国航空母艦イーグル所属のバッカニア核攻撃ジェット機中隊の後方座席乗組員として服務していた。艦隊飛行部隊では爆撃誘導士を「オブザーバー」と呼んでいた。オブザーバーの任務は、航空機の進路を誘導し、パイロットの兵器システム操作を補助することであった。その後の3年間、私は北大西洋条約機構（NATO）の単一統合作戦計画（SIOP）が定めた攻撃標的を割り当てられ、何の疑いもなく、「核飛行隊員」というエリート任務をパイロットとともに担うことを受け入れた。私たちの任務は、100キロトンを超す爆発力をもった自由落下型の熱核爆弾を、レニングラード郊外にある軍事空港――現在のセントペテルスブルグ空港――上空で爆発するよう投下態勢を維持する

英空母上空を飛ぶ核攻撃ジェット機バッカニア（1972年）

ことであった。

30年後、私はその場所に降り立った。21世紀をまぢかにひかえて、核政策や核の安全保障を再検討する会議で講演するためであった。テレビのインタビューで私は市民に詫びた。

私が核の任務を遂行していたら、それはまちがいなく、あの美しい古都に壊滅的な打撃を与えただけでなく、そこから遠く離れたほかの場所にも恐ろしい無差別の犠牲と長期にわたる放射能の害毒をもたらしたことだろう。そして私は今、断言する。核兵器は私を救ってくれないし、またロシアの人々も救えない、と。

イギリス政府が攻撃型空母をこれ以上維持できないと決断した後、

ビキニ環礁における海中核爆発（1946年）

1972年に私は対潜水艦ヘリコプターに移った。そして１年後、私は英空母アークロイヤル搭載のシーキング対潜ヘリコプター中隊の上級オブザーバーに任命された。任務は、レーダーや深度可変ソナー、その他の電子センサー、それに各種兵器を使って味方を脅かす潜水艦を探知し、破壊することであった。

すべて順調だった。しかし、やがて熱核爆雷の使用待機命令が出た。これは私たちの自動誘導式軽量対潜魚雷が、速度でも、深度でも、ソビエトの最新の原子力潜水艦に追いつけなかったからである。核爆雷の爆発力は、広島を破壊した原爆よりも強い力をもっていた。私が投下ボタンを押せば、おびただしい量の海水が蒸発し、私自身も蒸発する。ジェット攻撃機とちがって、ヘリコプターは速度が出ないので、爆発の前に逃げきれない。つまり、この任務は自殺を意味した。核爆雷からだけではなく、原子力潜水艦の原子炉と潜水艦が積んでいる魚雷の核弾頭から大量の放射性降下物が放出される。さらにそれは、第三次世界大戦を核のホロコーストへと拡大したであろう。それも、我々の空母を守るだけのために。

ところがこのような心配も、すべて無視された。なだめる側の言い分はこうであった。「核を使うとすれば」はるか沖の深海だから(原子力潜水艦は、深海でスピードを生かすことができる)、市民を巻き込むことはない。「ソビエトは気づきさえしないだろう」。私にも功名心はあったし、核を使うような事態はほとんど全く起こらないという確信があったので、これらの言葉に従うことにした。けれどもそれ以来、指導層に対する私の絶対的信頼はゆるぎはじめた。私には、バトラー将軍が言うように、核兵器が軍事的に無用であるように思えてきたのである。

❖核は海軍の巣の中のカッコウ

1979年12月、元英国軍参謀総長の陸軍元帥カーバー卿が、イギリス上院でつぎのように明言した。「米国に発射の準備がないのに、わが首相もしくは政府がわが核部隊に発射命令を出すことがあるだろうか。それが正当、もしくは妥当であると認められるようなシナリオを、私は今までに見たことも聞いたこともない。——もちろん、ロシアの核がわが国に到達してしまえば別かもしれない。しかし、たとえ核が到達した後でも、それは正当で妥当なことだろうか？　結局のところは、さらなる報復を生むだけのことではないだろうか？」

ちょうどその１年あまり前、私は海軍中佐に昇進してロンドンに

英海軍参謀コース受賞者とファースト・シー・ロード（前列右端が著者・1978年）

あるホワイトホールの国防省に入った。海軍大佐づきの専属参謀で、大佐は、核弾頭ミサイルを搭載したポラリス原子力潜水艦のあとがまを推薦する責任者であった。私は海軍参謀内の議論に立ち会い、原子力潜水艦の関係者が米国の巨大なトライデント原潜の小型版に傾倒してゆく無謀を目のあたりにした。トライデント原潜はイギリスの必要性を大幅に超えており、その強い火力と精度によって、不安定要因となる第一攻撃能力を現実のものとしたし、さらにその巨額の費用は、均衡のとれた有用な戦力をめざす英国海軍の将来を脅かすものであった。

サッチャー首相はすべての核に対して中毒症状であった。海軍参謀が反対し、統合参謀本部の意見もまとまらないまま、首相はトライデント導入を決めた。内閣への相談もなかった。当時の英海軍本部委員会第一軍事委員（ファースト・シー・ロード。訳者注：米国の海軍作戦部長にあたる）サー・ヘンリー・リーチ元帥は、トライデントのことを「海軍の巣の中のカッコウ」と言った。「マッチョのサッチャー失敗の巻」などと言われて、ばかばかしいほどの過剰能力をもち、それゆえ、使い物にならないトライデント戦力に海軍は当惑した。そうこうするうちに、イギリス海軍の水上艦隊は今では日本の海上自衛隊よりも小さくなり、縮小された。できたばかりの通常型潜水艦はカナダ海軍に賃貸されている。

その頃の私の心情は、後にジョン・ベイリスがみごとに語ってくれている。

「イギリスは自分が世界でもっとも進んだ核システムを持ちながら、他の国には核兵器を持つなと言う。これは核を持たない多くの国から見ると、偽善的な利己主義である。正直であればあるほど、そうとしか言いようがない。」

❖フォークランド戦争

艦隊総司令官づきの参謀（諜報担当）であった私は、最後の任務でロンドン近郊のノースウッドにある指令壕から24時間体制でポラリスその他の艦隊に情報提供するチームを指揮した。1982年に、イギリスはフォークランド諸島をめぐって、旧友のアルゼンチンと突然戦争状態になった。そのとき私は、防衛見直しの結果、退役枠に入っていたので、終わりしだい海軍を去る許可を得ていた。

あの戦争は何ともきわどいものであった。もし、部隊が上陸を果たす前にアルゼンチンの戦闘機がこちらの部隊の１隻でも沈めていたら、イギリスは撤退するか、もしくは敗北覚悟で戦わねばならなかったかもしれない。だとしたら、サッチャーはどうしただろう？ポラリスの抑止は、アルゼンチンのガルティエリ大統領の侵略を明らかに食い止められなかった。勝利を目前にした大統領が、サッチャーが本気でアルゼンチンに核攻撃のおどしをかけたとしても、それを信じたかどうかは疑わしい。

しかし、ポラリス潜水艦が南下して、ブエノスアイレスを射程内に入れたといううわさが大量に流れた。もしサッチャーが本当に威嚇していたら、ガルティエリはサッチャーに、やるならやれ、とおおっぴらに叫んでおいて、自分は米国のレーガン大統領がサッチャーをなだめにかかるのを、愉快に見物しただろう。最後の頼みの綱としては、ポラリスの司令官――いわゆる「抑止」パトロールに出る前に、私のブリーフィングを受けていた――が、発射命令を拒否するか、故障が起きたとウソをついて戻ったときには、良心に恥じるところなく軍法会議に臨んでくれる、と私は信じるしかなかった。

❖湾岸戦争

1989年にベルリンの壁が崩壊したとき、核抑止に対する私の疑念はいっそう深まった。しかし、洗脳されていた私が核への信奉から決別するには、湾岸戦争までかかった。それは、たいへんに痛みをともなうものであった。私は軍隊の諜報部で訓練を受けていたので、米国主導の多国籍軍がとった電撃作戦が、イラクのサダム・フセインに、イスラエル攻撃の口実を与えかねないことを警戒した。フセインにとってイスラエル攻撃は、多国籍軍を分裂させ、アラブの盟主になるのに必要なことだったのである。それなりの挑発があれば、フセインは、生物・化学兵器ミサイルを使うこともできた。

そうすればイスラエルのシャミル首相には、バクダッドに報復の核攻撃をかけよ、と国内で強い圧力がかかるだろう。そしてサダム・フセインが生きのびなくても（フセインの核避難壕は西側最高の技術によるものだ)、アラブ世界全体がイスラエルとその同盟国に対して怒りを爆発させる。そうなればイスラエルの安全保障は永久に失われ、ロシアまで巻きこまれるのである。

1991年の1月12日に、トラファルガー広場のネルソン提督碑の足下で湾岸戦争に反対する２万人の群集に向かって話したとき、私は核兵器にたずさわった経験をもちながら公然と核兵器に反対する、最初の元英国海軍中佐となった。1月17日にはイスラエルの都市テルアビブが最初のスカッド(ミサイル)の攻撃を受けた。事実上の核保有国の第二の都市が攻撃され、首都は怯えた。それにもまして核抑止論に都合の悪いことに、侵略者は核兵器を持っていなかったのだ。イスラエルの人たちは、その夜、ガスマスクをつけて地下室で怯えながら、いわゆる「抑止」の主目的が失敗だったことを知った。さらに、38発のスカッドの攻撃が続いた。

セイモア・ハーシュは彼のベストセラー『サムソンの選択』でイスラエルの反応を次のように回想する。

> 米国の衛星はイスラエルの動きを察知していた。シャミルはスカッドの集中砲火に対抗して移動式の発射台に核兵器を載せて発射地点に移動し、イラクに向けて設置、命令があり次第発射する態勢で待機する命令を出していた。アメリカの諜報部は、他にもイスラエルが数週間にわたる全面核警戒態勢をとっていたことをあらわす兆候を入手していた。もしも神経ガスを搭載したスカッドで大勢の人が住むアパートが攻撃されて、何千人もの犠牲者が

出たら、イスラエルは何をするか、ブッシュ政権の誰にもわからなかった。ブッシュがシャミルにしてやれることといえば、金とパトリオット・ミサイルの他には、イラクのスカッド発射台を最優先の空爆標的にするというアメリカの確約だけであった。

しかし、そんな約束はほとんど無意味であった。トレブリンカとアウシュビッツを最後に毒ガスで殺されたユダヤ人は一人もいなかったし、結局のところイスラエルは、ユダヤ人の生命が脅かされたときに決して他国の善意をあてにしなくてもよいように、核爆弾を製造したのだから。

結果として、事態は拡大しなかった。通常のスカッドの弾頭による犠牲は――驚いたことに――最小にとどまり、ブッシュ政権から軍事・経済面で大量の協力が約束された。自制したイツァク・シャミル首相の政府は、国際社会の賞賛を受けたのである。

危機後何カ月ものあいだ、アメリカの政府関係者は自分たちが事態を掌握していたものとひそかに確信をもっていた。記者たちも、イスラエルがバクダッドへのミサイル発射を思いとどまったのは、核攻撃を行った場合の結果の重大さを考えてのことだった、と聞かされていたのである。

もちろん実際は、アメリカ人の誰も――大統領でさえ――シャミルや側近が計画するどんな軍事行動の命令も、イスラエルが自国の防衛上必要とみなすなら、思いとどまらせることはできなかったであろう。

一方、イギリスでは、アイルランド共和国軍（ＩＲＡ）がホワイトホールでバンにしかけた迫撃砲が、すんでのところで湾岸戦争内閣を吹き飛ばすところであった。これほど直接的な政府への脅威は他に想像できない。これがもし手製であれ、核爆弾を使うという脅しであったらどうだっただろう？　核による報復攻撃の脅しなど、まったく効き目がないであろう。

❖判決を無視するイギリス

おそまきながら、「核爆弾」の歴史を調べる必要性に迫られて、私はイギリスの科学、政府、軍機関が核軍備競争の始まりに少なからず責任を負っていたことを発見した。核兵器製造の実現可能性について米国の注意を喚起した後、イギリスはマンハッタン計画に参加した。しかし、1946年のマクマホン法でその後の共同研究から締め出されたイギリスは、1947年に独自の核兵器製造にとりかかった。イギリスはサダム・フセインの手本だったのである。イギリスは、核のテロリズムで威嚇するという大それた妄想を抱いた、最初の中堅国だったといえる。私はまた、核抑止論が実用面でいつも欠陥を露呈し、道徳と法律に反するものだということにも気づきはじめていた。

その後1991年に、私はイギリスの世界法廷運動の議長になった。この国際的な市民グループのネットワークは、NATOの核保有３カ国の懸命の反対工作に抗して、核兵器が合法であるかどうかについて国際司法裁判所（「世界法廷」と呼ばれる）に勧告的意見を求めるよう国連総会を説得する支援活動を行っていた。1996年に裁判所は、核兵器の使用ばかりか、核兵器による威嚇も一般的に非合法であることを認めた。核抑止の違法性がはじめて問題にされたのである。

判決の中にとくに重要な点が１つある。国際人道法の一部としてニュルンベルグ原則が核兵器に対して適用されることが認められたのである。これは核兵器を実際に扱う人――とりわけ「ボタンを押さなければならない」職業軍人にとって重大な意味をもつ。ここで問われているのは、職業軍人を殺し屋やテロリストと区別する決定的な違いである。職業軍人はつねに法にしたがって行動するものだと見なさなければならないのである。

第2章
問題の核心

選択肢は失われていった。緊急の問題が問われることもなく、答えられることもなく、また時代遅れの慣例が冷戦型の思考を温存させたままで。そして、新しい世代の核の使い手や信奉者は、もつれてしまった安全保障上の恐怖に対して、主要な敵対者たちが相互確証破壊よりましな解決策を見出せなかった冷たい世界へと、よろよろと後もどりしている。

リー・バトラー空軍大将

❖「抑止」の概念

抑止とは、相手がする利益の見積りに対して影響を与えようとする試みである。その目的は、好ましくない行為を計画している相手に、その行為を実行して得られるどんな利益よりも、損失のほうが大きいということを確信させて、実行を思いとどまらせることである。したがって抑止は、紛争の回避と戦争行為との中間に位置する。

抑止には脅しの要素も含まれる。一般的には、次のような2つの型が考えられる。

(1) 拒絶の予測に基づく抑止：抑止の伝統的な型である。相手の軍事行為に対して、物理的な妨害をするという脅しを意味する。これによって相手が戦争によって得る利益に影響を与える。

（2）懲罰の予測に基づく抑止：核抑止の第一義的な役割である。相手の社会に報復攻撃するなど、直接的ではないが、相手に耐えがたい破壊をもたらしたり相手の社会が損失をこうむるような攻撃を与えるという脅しのことである。

他には、相手の目的が、本来、達成不可能であることを見せつけるなど、より平和的な抑止がある。抑止が成功する見通しを得るためには、相手側が、自分の行為の結果によって受け入れがたい損害をこうむると感じることが不可欠である。それには、次の項目のような条件が必要である。

- 意図どおりの脅しとして受けとられるためには、両方の側が同等の価値観を持っていることが必要である。
- 上に挙げたような条件の下で、脅しが本来的に脅しだけに終わらないようにみえること。
- 脅しの意思を伝えられるだけの信頼できる通信手段が両者間に確保されていること。

❖核抑止

核兵器の質と規模は想像も及ばないまでのレベルに達した。核兵器の破壊力と長期間残される毒性の影響のために、核抑止は次のような意味を持つことになった。

（1）受け入れがたい被害が敵の領土の範囲を越えて広がる。「核の冬」という現象が地球全体に及ぶ可能性もある。

（2）直接の被害がない場合でも、放射性降下物が環境に与える影響が、一般非戦闘員を含む全ての生命体に被害を与えることが避けられない。

現存する戦略概念には、基本的に２つの核抑止の構造がある。１つは「最悪の場合」の戦略としての**確証破壊**（懲罰に基づく抑止）、もう１つは段階的な戦略としての制御された抑止、あるいは**柔軟反応**（拒絶に基づく抑止）である。

❖確証破壊

核抑止は、はじめは**大量報復**を中心に考えられた。これは米国がソ連の通常兵器による侵略に対する懲罰として、ソ連の主要都市とその他の非戦闘施設（**対抗価値**）の標的に破壊を与えるという脅しである。その後ソ連の核兵器開発が進み、核軍拡競争が拡大するにつれて、意図される破壊の規模も拡大し、相互的になった。双方が、先制的**第一撃**で報復システムを破壊する能力のある**対抗戦力**ミサイルを配備したのに対応して、両国とも比較的生き残りが可能であり、かつ破壊力の大きい潜水艦を主力とする**第二撃**を配備するようになった。この**相互確証破壊（MAD）**の「関係」――「教義」ではなかった――は、1972年の対弾道ミサイル（ABM）条約が支えた。これは主として防衛システムの配備を禁止する条約であった。

先制的第一撃が**命令系統の中枢の首をはねる**ことを恐れて、米ソともに**警報即発射**能力を発展させた。これは、両国とも、相手の第一撃が着弾する前に、数分の予告で2,000を超す戦略核兵器を発射する態勢を整えることを意味する。冷戦後10年以上もたったのに、米ロとも、この無謀な一触即発の警戒態勢を維持している。これが核抑止政策への固執がもたらした直接の結果である。

現存する保有核兵器のどれを使っても、受け入れがたい大量破壊の脅しを与えるが、中国、イギリス、フランスは自分たちが所有するはるかに小規模の保有核兵器でも確証破壊の脅しとして十分信頼に足るとしている。これは**最小限抑止**として知られている。最小限抑止の問題点は、国が安全保障に必要と認めれば、最小という言葉に関係なく、あらゆる規模の能力が許されることである。こうしてイギリスは、以前のポラリスの戦力に比べて核破壊力が大幅に増大したにもかかわらず、トライデント潜水艦の戦力を「最小限抑止」と定義している。ロシアの能力が著しく低下しているのに。

❖柔軟反応

1960年代半ばまでには、MADは低いレベルの挑発に対する抑止としては信頼性を欠くことが広く知られていた。そのためNATOは「**柔軟反応**」の教義を選択した。これは破壊力がより小さい**戦術核**あるいは**戦略以下**の核兵器を配備することによって（訳者注：英仏では、戦術核、戦域核などを総称して、「戦略以下〈sub-strategic〉の核兵器」と呼ぶ）、**戦略核**による懲罰に基づく抑止に至る前の中間段階として、拒絶に基づく抑止として打ち出したものであった。「柔軟」の意味は、エスカレートするかしないかではなく、いつエスカレートするかに関するものであった。しかし、ここから３つの不都合が生じる。

（１）戦場で、核兵器を戦争遂行に使うことができるのだという考え方そのもの。

（２）**核の「しきい」を低くしたい**という誘惑、つまり、核兵器の使用が絶対必要であると考えたり、あるいは正当化する場面や正当と判断する基準を低くする誘惑。
（3）エスカレーションを制御することの困難性。

これが今度は、**エスカレーション優位**という考え方を生み出した。つまり、抑止する側は、相手側に戦争を継続させないという断固たる決意を示すために、戦争を故意にエスカレートさせ、エスカレーションの過程でも優位性を保とうとするのである。これには、相手側が誤って、抑止を攻勢あるいは挑発と判断する危険がある。またこのために、核軍拡競争が激化した。

このようにやっかいな問題があったため、NATOは1989年に冷戦が終わった後、柔軟対応を事実上断念し、核を**最後の手段**の１つとするという核態勢を発表した。それでもやはり、NATOは、ある程度の戦略以下の核兵器を継続して配備し、「核武装したどんな侵略者であっても、戦略核兵器の撃ち合いに行きつくことを恐れて**自己抑止**し、我々に対して賭けに出ることがないようにという保証の重要な要素」としている。そして「そのような極限状態のもとでは、戦略以下の核兵器能力が、同盟防衛の決意の強さを侵略者に示す政治的メッセージを送る目的で、核兵器を限定的に使用することを可能にするだろう」と考えているのである。

❖拡大抑止

拡大抑止は、核保有国がいわゆる「核の傘」をひろげることによって、核を持たない同盟国の領土をおおうことで達成される。米国の傘の下にあるNATO加盟国の中で核を持たない16カ国と、日本、オーストラリア、そしてロシアの傘の下にいるベラルーシがその例

「核の傘」のプラカード（写真：ジル・ハンリー）

である。

国によっては、核保有国が核戦争の危険をおかしてまで同盟をまもる意欲があるかどうかが問題になる。また、拡大抑止には逆効果の危険性もある。つまり、核同盟の仲間に入ったために、核攻撃を引き寄せることになり、それが安全保障を損なうという効果である。つまり、核の傘が「傘」ではなくて、核を吸い寄せる「避雷針」になるということである。

❖存在論的抑止

存在論的抑止というのは、核を持つ国が核兵器の配備はせずに、保有核兵器の存在だけを公にし、核を発射する能力があることのみを明らかにする場合のことである。これは十分な資源がなく、核戦力を継続的に配備できない小国にとっては魅力がある。明らかに、抑止の効果はすぐには得られないだろうが、偶発的核戦争を引き起こす危険性は、事実上排除されるという大きな利点がある。欠点は、配備することが、紛争を拡大する不安定材料になりうることである。

現在、インド、パキスタンの２カ国が存在論的抑止を使っている。これに対して、イスラエルはあいまいさをともなった形の存在論的抑止を使っている。核弾頭が配備されている証拠がたくさんあるのに、保有核兵器の存在について、確認を拒否しているのである。

❖より安全な安全保障戦略が必要な理由

国連は、1980年の報告で次のように述べている。核廃絶が現実のものになるためには、恐怖の均衡の上に立つ相互抑止の誓約は破棄されなければならない。すなわち、「世界の平和、安定、均衡を核抑止によって維持するという考え方は、おそらく、現存する中でもっとも危険な集団的過ちである」(UN Doc:A/35/392.1980年)

同じ年に、スウェーデンのオロフ・パルメ首相は「軍縮と安全保障問題のための独立委員会」を設立したが、同委員会は「共通の安全保障」の考え方を推進した。この考え方の核心は、国際的安全保障は相互破壊の威嚇に基づくのではなく、ともに生き残るという誓約に基づくものでなければならない、という点にあった。委員会は1982年に「核抑止の質と結果は、道徳や常識に対して先例のない問題を提起しており、あらゆるレベルの管理において、特別な配慮が必要である」と報告している。

なぜかというと、核抑止は、取り組もうとしている問題からはるかに離れた、個人、国家、時間にまで被害を及ぼしかねない恐れがあるからである。言いかえると、核抑止に頼ることには根本的な異論が存在する。通常兵器の場合、抑止に失敗しても被害は交戦国に限定されるし、おおよその環境破壊は回復できるだろう。核抑止の失敗で問題になるのは、交戦国同士が破壊を受けて毒されるばかりでなく、地球上のすべての生態系に被害が及ぶ可能性があるからである。

これに深く関係するのが、核抑止は核戦争を、より大きく起こりそうに見せることによって、実際に核戦争が起こる可能性を、より少なくする方策だという、常軌を逸した現実である。さらに、核抑止体制のもとでは、核戦争の危険性は私たちが考える以上に高い。とくに米国とロシアが「警報即発射」態勢に固執しているあいだはそうである。

専門家が核抑止の信頼性を維持するためにどこまでのことを考え

ているかは、1995年に部分公開された米戦略軍発行のアセスメント、「冷戦後の抑止の重要点」に明らかにされている。それは、米国の軍や文民の指導者が「こちらの自制心を失う恐れがあるようにみえることは、相手側の政策決定者たちの心に恐怖と疑いを生みだし、それをつのらせるために有効である」と述べ、「もし、国の決定的な利益が攻撃された場合、米国民はわれを忘れて復讐に燃えるだろうという感じ方が、米国民性の一部だと全ての敵に伝えるべきである」と主張している。

一方、『ジェーン諜報レビュー』によると、ロシアの核の指揮管制システムは、最近まで最高機密であった「ペリメーター」と呼ばれるプログラムと接続している。仮にモスクワが攻撃を受けた場合、あるいは仮に「ソビエトの中心指導層の指揮系統への侵入」があっただけでも、「ペリメーター」が自動的に低周波の電波信号を発して通信ミサイルが発射され、次にはこのミサイルがロシアの何千もの核兵器を発射するコードを送るという。「ペリメーター」の現在の状況は不明である。

1982年の『ガーディアン』紙によせた書簡の中で、1995年のノーベル平和賞受賞者、ジョセフ・ロートブラット卿らは、核抑止の論理に信頼性を与えようとしてきた絶望的な努力の紆余曲折を要約した上で、問題の核心について簡潔にまとめている。

「この問題はどこまで行くのか？　30年の核抑止が残したものは、備蓄された広島型原爆の150万倍の破壊力である。抑止論から生まれた核軍拡競争には、政治的解決か、はたまた大惨事か、いずれかの結末しか見えない。

パルメ委員会が言うように、政治的解決のためには相互核抑止を放棄し、それにかわる共通の安全保障を受け入れることが必要である。しかし、核軍拡競争そのものが、政治的解決に反した作用をするし、政治的解決のもとになる共通の利益という認識にも反する。

核抑止がそれ自体、不安定の原因であり、容赦なく世界を惨劇に導く道筋の原因であるとすれば、私たちはただ座して待つ場合ではない。核軍拡競争は軍備管理や軍縮を強力にはばむものである。私たちはこの核軍拡競争を終わらせ、核抑止論を排除するために、行動を起こさなければならない。」

❖常識の点検

第７章で検討することだが、常識を覆すために、１つの挑発的な問いを出そう。NATOの将来の結束は、ヨーロッパにある米国の戦術核を保持するのでなく、それを撤去するかどうかで決まると考えたらどうであろう？

マイケル・マックグワイヤーは何十年もの間、「群集の中でただ一人、核の王様は裸だ！　と叫ぶ少年だった。そして今、国際関係論の世界では大体どこでもこういうつぶやきが聞こえる……王様は——裸とはいわなくても——ほとんど裸だ」。マックグワイヤーはソ連軍よりも西側の抑止論の方が大きな脅威であったと確信する。そして、核抑止の重大な破綻もなく我々が冷戦を生きのびることができたのは幸運のおかげだろうと分析し、核を支持する論理のことごとくを緻密に論破しているのである。

抑止についての合意は、見かけほど堅固ではない。多くのヨーロッパの国で、核兵器は良く言えば過去の遺物、悪く言えば現在の危険物だという常識が生まれつつある。米国同様ヨーロッパでも、反核運動が息をふき返しており、抑止論を支持し続ける指導者や専門家は、ときに迷宮のように入り組んだ抑止の論理を説明するのにますます苦労することが多くなってきている。

米国のマリオ・カランザ教授は、1998年のインド、パキスタンの核実験から核抑止論の結果を次のように評価している。

「こんにち、冷戦下の平和を保つために核兵器が有用であるかどうかについての議論は、かつてのような緊急性をもたなくなった。冷戦中でさえ、核兵器が平和をもたらすという理論には異論があった。キューバ危機についての最近の再評価も、両超大国はこれまで考えられていたよりもはるかに核戦争に接近していたことを明らかにしている。また、核戦争を避けることができたのは、安定した抑止が機能したからというより、まったくの幸運、あるいはリー・バトラー将軍の言い方を借りれば、『神のお恵みというほかない』のである。」

❖核の「オーバーキル」を隠す

ウィンストン・チャーチル卿は引退する少し前に、核分裂兵器と核融合兵器の間のたった一歩がもたらす重大なちがいについて、稀有な洞察力をみせた。

「原子爆弾と水素爆弾との間には巨大なへだたりがある。原子爆弾はあれほどの恐ろしさにもかかわらず、人間の手がとどく範囲、人間に対応できることであった——思考においても行動においても、平時においても戦時においても。しかし、水素爆弾（の出現）は人間にかかわる全ての基盤に革命をもたらし、人類は予測のつかない、破滅にいたる運命を背負うことになった。」

核兵器支持の原理主義者たちは、政治指導者や世論、そして核の運用にあたる軍人の理解を得るために、最新の熱核兵器のもっとも小さなものでも、血の凍るような副次的影響や、「オーバーキル」の問題があることがより軽く見られるように、系統的な努力をしてきた。

また一方、核抑止を支持するためには、核兵器の恐るべき威力を信じることが必要である。この点では、核兵器はもはや兵器などではない。それは大量破壊兵器としての生物・化学兵器のおそろしい毒性に、放射能特有の世代を超えた遺伝的影響を加え、さらにそれらを想像を絶する爆発力と結合させた装置なのである。

ヒロシマ以来、私たちは、ジョナサン・シェルの言う「核兵器が私たちの政治的自我と道徳的自我のあいだに作った亀裂」とともに生きてきた。「その結末として私たちは２つの立場、つまり、政治的には健全だが非道徳的である立場と、道徳的には健全であるが政治的には見当違いである立場の、どちらかを選ぶことを強いられている。」

しかし、核兵器が非道徳的で非合法であるばかりでなく、本当は非実用的で政治的に不健全であり、そのうえ私たちが必要とする真の安全保障に逆行するものだとしたら――しかもそれに代わる別の道が存在するとしたら、どうであろう？

第3章
歴史の要約

再教育とは、責任の追及を意味しない。偉大な知性と善意の人々の手で開発されたものは、究極的には抑止というドグマとなった。彼らの視野は1930年代と40年代に限られていた。彼らは、ソビエトの意図についての評価をギリシャの内戦、プラハのクーデター、ベルリン封鎖、中国共産党の勝利、そして朝鮮戦争からわりだしていた。ミュンヘンのレンズを通して状況を見てきた彼らは、第三次世界大戦はソビエトの侵攻から始まると信じて、1930年代の過ちは繰り返すまいと心に誓ったのである。

マイケル・マクグワイアー

核抑止の歴史を駆け足で見てみよう。ここでは、核兵器推進派の原理主義者たちが、矛盾した結果にもかかわらず抑止論の信頼性を維持するためにどうやって格闘してきたかをたどることにする。意図的に、焦点を米国、イギリス、フランスにしぼった。これには3つの理由がある。第一に、ソビエト／ロシアと中国の考え方を検討することも、彼らに政治的影響を与えることも、たいへん難しいこと、第二に、核抑止の後見人はNATOの核保有国であること、そして第三に、考え方を変える望みがあるとすれば、それは民主主義が成熟しているこれらの国の後見人たちに働きかけるしかないこと、である。

❖独占から大量報復へ

1941年７月に出された「ウラン爆発の軍事利用」(MAUD) に関する報告で、イギリスは核兵器製造の可能性について米国にはじめて注意を喚起し、ヒトラーが核兵器を手にするより先に緊急にそれを追求すべきだと警告した。ルーズベルト大統領はその年の10月に米国の研究計画を認可した。12月の日本による真珠湾攻撃の後、米国はイギリスの原爆研究計画を急速に追い越し、1942年には兵器製造を決定した。1943年８月、米国は、ケベックにおいて、イギリスとカナダをマンハッタン計画のパートナーとして参画させた。

マンハッタン計画は、1945年に最初の原爆を作ったプロジェクトである。最初の実験はプルトニウム239の核分裂装置であった。これは1945年７月16日にニューメキシコ州のアラモゴードで行われた。8月6日、これより簡単なウラン235の核分裂装置が、13キロトンの爆発力で日本の広島市を跡形もなく消滅させた。３日後、アラモゴードでの実験と同じプルトニウム239の19キロトンの核分裂装置が長崎を破壊した。

ヒロシマ以前にも、この米国初の核兵器製造にかかわっていた科学者の間で、核抑止という考え方は口にされていた。1944年9月にこの人たちが書いた報告書には、核抑止の有効性に対する疑念が見られる。1945年から1950年代のはじめまで、米国の戦略概念では、落下型の核兵器は単に通常爆弾の延長と見られていた。1949年8月、ソ連の最初の核実験が米国の独占に終止符を打った。

核抑止関連年表

1945〜49	米国による核独占。核兵器は通常兵器による爆撃能力の延長。
1949	ソビエト、初の核分裂爆発装置を実験。
1951	米国、初の熱核爆発装置を実験。
1952	英国、初の核分裂爆発装置を実験。
1954	米国、大量報復の教義と核をもたないNATO加盟国に対する拡大抑止を発表。
1957	英国、初の熱核爆発装置を実験、大量報復の採用。
1960	仏、初の核分裂爆発装置を実験。
1962	米国、制御反応を採用。
1964	中国、初の核爆発装置を実験。
1965	米国、確証破壊の教義に移行。
1967	NATO、柔軟反応を採用。
1968	仏、初の熱核爆発装置を実験。

これに触発されて、トルーマン大統領は熱核爆弾の製造を命令する。そして米国は、1951年にエニウェトク環礁で最初の核融合爆発に成功したのである。

戦争の膠着状態を解決するのに核兵器が使えなかったという朝鮮戦争の教訓にもとづいて、1954年1月、ジョン・フォスター・ダレス国務長官は「大量報復」という新しい政策を発表した。核兵器の信頼性を回復し、将来の戦争で大量の米軍部隊を投入する必要性を避けるためであった。米国が作ったこの最初の核抑止の概念は、「米国の選択のままに手段と場所を選び、即座に報復する」能力に依存していた。

❖イギリスでの論争

イギリスが独自の核能力を開発するという決断はこれ以前に出されていた。1946年の米国のマクマホン法により、イギリスが共同研究から締め出されたことがもとであった。（皮肉なことに、この法律の目的は核の拡散を防止することであった。）イギリスは、1952年10月にオーストラリアのモンテ・ベロで核分裂装置を爆発させ、世界で三番目の核保有国になった。一方、1950年には、英国は核兵器を搭載した米空軍爆撃機用に基地を提供している。この基地なしには、米国はモスクワをおびやかすことができなかった。したがって英国はまた、米国のいわゆる「核抑止力」の米国領土外への初めての配備に関与したのである。

イギリスでは核抑止の論争の始まりは米国より早く、軍上層部や核の専門家の間に深い亀裂が生まれた。ことの起こりは、1945年の選挙で労働党のクレメント・アトリーがチャーチルを破ったことであった。最初、アトリーは深く疑っていた。彼は二つの大戦の間の時期に、戦略爆撃が戦争に対して大きな抑止になるとしてもてはやされていながら、失敗に終わったことを強く意識していたのである。また核の時代には事態が変わるという強い確信もなかった。もし抑止に失敗すれば、絶対に核兵器が使用されると、彼は確信していたのである。「抑止が有効に働くかどうかというこれらの強い懸念から、首相はなんらかの国際的な方法で核兵器を管理することが緊急に必要であることを論じた。」（ジョン・ベイリス『あいまいさと抑止』1995年）

しかしながら、1946年に米国との共同研究から離れたことで、アトリーは英国独自の核兵器への道を歩むことを決めた。東西関係の悪化とソビエトの脅威の増大も背景にあった。もう1つの動機は、「大国」としての英国の地位を保つことであった。西ヨーロッパの安全保障に対する米国の関与がまだ確実でなかったこの時期に、「我々はアメリカに対する姿勢を明確にしなければならなかった。我々は全面的に彼らの手中に収まることをよしとするわけにはいかなかった」というアトリーの説明も、これに深く関係していた。

イギリス海軍諜報部長の海軍少将アントニー・ブザード卿は、1950年代の初めに公然と反論して、大量破壊の威嚇は危険であるし、信頼性に欠けると言った。ソビエト連邦が抑制しようと考える動機を生み出すことにならないし、最初になぐる方が得をするという点で不安定の要因となるというのである。そのかわりに彼は、ある種の「累進的抑止」を提唱した。統合計画幕僚は報告書を出してこれに応え、「戦術」核兵器と「戦略」核兵器を分けて定義するという考えは、非常にまちがっていると結論づけた。また、ブザードの提案する線で限定的核戦争を戦う準備をすることは、抑止の根底をゆるがしかねないという懸念も示した。

1950年代のイギリスの国防関係者のなかには、もう1つの大きな不一致があった。米ソ間の核の行きづまりの意味をどう考えるかという点であった。問題は、核の均衡の時代にあっては、限定戦争が起こる可能性がより多くなり、そのために効果的な通常戦力が必要になる、というものであった。

1956年のスエズ動乱での大敗と大英帝国からの後退の加速によって、イギリスは独自の軍事能力拡充の追求にかりたてられた。最初の熱核装置、つまり「水素爆弾」の実験が1957年5月にオーストラリアで行われ、イギリスは大量報復の教義を採択する、と発表することができた。それにもかかわらず、ハロルド・マクミラン首相は私見として「水爆はイギリスの防衛に重要ではない。我々が最初にこれを使用することは決してない」と述べた。

当時の国防省首席科学アドバイザー、ソリー・ズッカーマン卿は、1957年の国防白書を読んだときから疑念を抱いていたと回想している。白書は英国を核攻撃から守ることはできないことを認めていたのである。ズッカーマンはこう書いている。

「我々が、かつてハロルド・マクミランが言った『死後の復讐』のための報復用武器に使う目的で地下に設置するわずかのブルー・ストリークス（当時開発中だった英国の弾道ミサイル。1960年に中止された）を守ることができないことも、同様に確かであった。……どちらにしても、わが連合王国の将来にとって、大きなちがいはない。……ミサイルが発射されたとしても、我々は破滅するのだ、と私は言った。」

1961年までには政府も同じような懸念を抱き始めたようだ。白書は以前ほど大量報復を強調しなくなり、ジョン・ベイリスの表現によれば、「気弱に累進的抑止態勢を定式化した」。

当時のイギリス国内での論争を要約して浮かびあがってくるのは、抑止論への見方は、しばしば言われているよりもはるかに多くの論争がなされていたが、おしなべて主観的であり、むしろ非合理的なものであった、という姿である。

イギリスの米国依存　イギリスはいくら自分の教義を打ちたてようと努めても、米国への依存から逃れることはできなかった。イギリスの水爆実験の成功を契機に、米国はマクマホン法の制約を免除する必要を信じ、かわりに1958年に「相互防衛目的のための原子力利用に関する英米協力協定」を作った。この協定は今も有効である。それにもかかわらず、1961年にケネディー政権がロバート・マクナマラ国防長官の指示で大規模な戦略の再評価に取り組んだとき、米国とのあいだで教義上の差が深刻に拡大した。再評価の結果、核戦力は大幅に拡大され、制御された核対応とより大きな通常戦力の必要性を強調した新しい教義が生み出された。こうしてマクナマラは、小さな核戦力を「危険であり、費用がかかり、旧式化しやすく、抑止力としての信頼性には欠ける」と非難することになった。

しかし、イギリスはトップの座を守ろうとやっきであった。ところが1962年12月——キューバのミサイル危機の２カ月後——に、米国は、イギリスが運搬手段として頼みにしていた空中発射の長距離弾道ミサイル、スカイボールトを中止してしまった。マクミランはケネディーと緊急会談を行い、米国はイギリスにポラリス弾道ミサイル潜水艦システムを提供することに同意した。ポラリスは1968年に作戦配備された。

ポラリスは「独立した核抑止」と説明されていた。この戦力行使のための国家緊急事態計画も策定された。もし、ソビエトとの衝突で英国が最後の手段として「単独でやる」ことを余儀なくされたときの攻撃対策として、ソビエトの15の主要都市を特定したものである。しかし、ポラリス戦力をこのように使えば、英国はソ連の報復で全面的に壊滅する危険がある。そんなときに、このような抑止の概念が何の意味をもつのか、何人ものトップの軍人や政治家が疑問を呈した。また、米国に対するイギリスの依存の強さから、英国が単独行動を起こす可能性についても、疑問を残した。

この「第２の意思決定中枢」（訳者注：ポラリスのこと）が発する「最小抑止」の無言の圧力は、1980年のマーガレット・サッチャーの決断で永続的なものとなった。彼女は、ポラリスをはるかに巨大で破壊力の大きい米国のトライデント・システムのイギリス版に交替させることを決定したのである。第４番目にして最後の英国のトライデント潜水艦戦力は、2000年の終わりまでには完全に作戦配備される予定である。

❖米国――大量報復から制御反応へ

拡大抑止　先に述べたように、拡大抑止は、核保有国が核をもたない同盟国の領土をおおうためにいわゆる「核の傘」を広げることによって達成される。この構想は朝鮮戦争のころに、NATOで最初に生まれた。1952年、NATO理事会はヨーロッパの通常防衛戦力を確保するために、96師団という信じられない数の目標を設定した。それは、達成されるはずもなかった。1954年には、15師団が存在するだけであったが、この頃までに、この通常戦力概念は失敗した、と一般に受けとめられていた。西ヨーロッパが、この通常戦力の目標達成をしぶった、あるいは、できなかったことで、拡大核抑止が生まれ、その後もその継続的必要性が正当化されることになった。

また、1968年の核不拡散条約制定の重要な動機の一つは、ドイツ、日本、イタリア――第二次大戦での枢軸国――に対し、これらの国には米国の拡大抑止が及ぶから、自ら核兵器を開発する必要はないと確信させることであった。それ以来、日本やオーストラリア（1984年まではニュージーランドも）を含むすべての同盟国に関する

日本外務省との会談を前に（1999年11月）。右からＲ・グリーン（著者）、Ｒ・マクナマラ（元米国防長官）、Ｌ・バトラー（元米戦略軍総司令官）、Ｄ・クリーガー（核時代平和財団総裁）、Ｔ・ナムクン（大西洋評議会）、梅林宏道（訳者）、石井摩耶子（日本ＹＷＣＡ副会長）

米国の核抑止政策には、拡大抑止がついて回った。

大量報復　朝鮮戦争後1960年代初めまで、米国はNATOのヨーロッパ領土へのソビエトの侵攻に連動させる形で大規模報復の教義をとった。これが最初の拡大抑止の採用であった。これは米国が、NATOのために大量第一攻撃を必ず行うという誓約でもあった。

1960年に最初の大陸間弾道弾アトラスが（ソビエトに１年遅れて）作戦配備された。米国海軍は最初の潜水艦発射弾道ミサイル・ポラリスの実験を行った。この結果、核攻撃用航空機は時代遅れとなった。そのうえすでに1965年には、イギリスのV-爆撃機部隊は、改良されたソビエトの防空体制を突破することができなくなっていた。また1960年には、米国は陸海空３軍の核の標的設定を相互調整するために初の単一統合作戦計画（SIOP）を採用した。これは偵察衛星の改良とミサイル誘導技術制度の向上を反映したものであった。

このような選択肢の急速な発達——とくにポラリスの不死身の第二攻撃能力——と、大量報復の欠点を考慮して、マクナマラは制御反応の概念を導入した。これは、10年近く前にイギリスのブザード海軍大将が提案した一種の「累進的抑止」を支持する議論に呼応するものであった。マクナマラは、大量報復の無差別的な威嚇の考えを遠ざける動きを支持し、幅広い軍事能力の必要性を強調する戦略の採用を主張した。一方で彼は、拡大抑止の復権をこころみた。そうするなかで、マクナマラは、非戦闘員が攻撃にさらされる問題にはじめて言及した。

しかし、米国の危険を減らすことで、核戦争に入りたがらないケネディーの躊躇を少なくしようとしたマクナマラの努力は、米国が核攻撃の標的をソ連の軍に絞るかわりに、ヨーロッパを切り離して核戦争の舞台に使おうとしているのではないかという不安を、ヨーロッパにかき立てた。

❖制御反応からMADへ

これらの弱点に他の弱点も加わって、制御反応は２年で確証破壊にとってかわられた。マクナマラのこの方向転換にとって極めて重要であったできごとは、1962年10月のキューバ・ミサイル危機であった。米国の公的政策はただちに全面報復の威嚇に逆もどりし、米国は行動に導火線をしかけた。一方、以前から予想されていたソ連の中距離弾道ミサイル——脅威はヨーロッパにのみ及ぶ——の改良の結果、その実戦配備が急速にすすんだ。そうするとヨーロッパNATOの核攻撃用航空機が危険にさらされることになり、NATO

は「警報即発射」状況に逆もどりし、抑制が不可能になった。これがひいては米国の拡大抑止をゆるがせた。というのは、今や、たとえソビエトによる米国の都市の攻撃が抑止されても、ソビエトは対米中心戦力を保存した上で、ヨーロッパの都市を必ず攻撃するだろうからである。それに加えて、1964年には中国が初の核装置を爆発させて5番目の核保有国になった。

これに対する米国の反応は、確証破壊政策を採用し、NATOに通常戦力の強化を新しいNATO教義、つまり柔軟反応の教義、の一部として採択するよう圧力を加えることであった。NATOは1967年にそれを実行した。確証破壊は、不死身のポラリス潜水艦戦力と強化サイロから発射されるおびただしい数の大陸間弾道ミサイルと長距離爆撃機に補完され、実行可能なものになった。NATOに関していえば、今やまず通常戦争があり、つぎに戦術核戦争があり、必要とあらばヨーロッパ核戦争になることを意味していた。

NATOは一方では最低ラインで通常戦力を強化しながらも、1950年代の半ば以来蓄積してきた米国の戦術核に、戦争の早い段階で依存するという方針を保ちつづけた。次には戦略兵器を使うという脅しを背景にしながらである。マイケル・マックグワイアの見るところでは、柔軟反応は「抑止の信頼性を増すことで、戦争が起こる可能性をより低くするためのものだ。実際は、(戦争が避けられなくなったとき)ソビエトが通常兵器だけを使って電撃攻撃を起こす可能性をもたらし、その分だけ戦争が起こりやすくした。1969年から75年までの期間、ソビエトもこれに応じて戦力を再構成し、NATOを驚かせると同時に警戒させた」。それにもかかわらず、冷戦が終わるまでずっと、柔軟反応はNATOの核戦略のカギであった。

やがて、新しい米ソ関係は**相互確証破壊**の関係となった。大量報復は、ソビエト連邦が米国の核能力に匹敵するようになってはじめて信頼性をもつということが、つねに認識されていた。1965年初め、マクナマラが確証破壊政策への移行を発表したときには、ソビエトの保有核兵器は弾頭6,000発以上に増えていた。米ソ両方が確かな報復能力をもつことが安定を生むと考えていたので、マクナマラは事実、ソビエトが米国に対抗するための努力をすることを歓迎した。

しかし、相互確証破壊は――MADという格好の略称をもっている――まだ十分ではなかった。防衛が不可能というので、戦略家の多くが、モスクワに対して有効ではないとしてそれに反対した。ソビエト連邦を抑止するには、米国はあらゆる紛争の段階において、優位を保つことが必要であった。政治リーダーや軍エリートが紛争時に避難する地下壕や、サイロに納まっているソビエトのミサイルを破壊するためには、もっと大量の核兵器とより精度の高いミサイルが必要であった。

❖対抗価値と対抗戦力

標的を相手側の軍隊と軍事施設、つまり対抗戦力標的に限る戦略を支持するグループがある。これに対して少なくとも一部の兵器を相手側の住民や社会的・経済的基盤、つまり対抗価値標的に向けることを支持するグループがある。

対抗戦力戦略で困難なことは、１つにはこれが効果的であるため

世界の備蓄核兵器　1945〜2000

年	米国	ロシア	イギリス	フランス	中国	合計
1945	2	0	0	0	0	2
1946	9	0	0	0	0	9
1947	13	0	0	0	0	13
1948	56	0	0	0	0	56
1949	169	1	0	0	0	170
1950	298	5	0	0	0	303
1951	438	25	0	0	0	463
1952	832	50	0	0	0	882
1953	1,161	120	1	0	0	1,282
1954	1,630	150	5	0	0	1,785
1955	2,280	200	10	0	0	2,490
1956	3,620	400	15	0	0	4,035
1957	5,828	650	20	0	0	6,498
1958	7,402	900	22	0	0	8,324
1959	12,305	1,050	25	0	0	13,380
1960	18,638	1,700	30	0	0	20,368
1961	22,229	2,450	50	0	0	24,729
1962	27,100	3,100	205	0	0	30,405
1963	29,800	4,000	280	0	0	34,080
1964	31,600	5,100	310	4	1	37,015
1965	32,400	6,300	310	32	5	39,047
1966	32,450	7,550	270	36	20	40,326
1967	32,500	8,850	270	36	25	41,681
1968	30,700	10,000	280	36	35	41,051
1969	28,200	11,000	308	36	50	39,594
1970	26,600	12,700	280	36	75	39,691
1971	26,500	14,500	220	45	100	41,365
1972	27,000	16,600	220	70	130	44,020
1973	28,400	18,800	275	116	150	47,741
1974	**29,100**	21,100	325	145	170	50,840
1975	28,100	23,500	**350**	188	185	52,323
1976	26,700	25,800	350	212	190	53,252
1977	25,800	28,400	350	228	200	54,978
1978	24,600	31,400	350	235	220	56,805
1979	24,300	34,000	350	235	235	59,120
1980	24,300	36,300	350	250	280	61,480
1981	23,400	38,700	350	274	330	63,054
1982	23,000	40,800	335	274	360	64,769
1983	23,400	42,600	320	279	380	66,979
1984	23,600	43,300	270	280	414	67,864
1985	23,500	44,000	300	359	426	68,585
1986	23,400	**45,000**	300	355	423	**69,478**
1987	23,700	44,000	300	420	415	68,835
1988	23,400	42,500	300	411	430	67,041
1989	22,500	40,000	300	412	433	63,645
1990	21,000	38,000	300	504	432	60,236
1991	19,500	35,000	300	**538**	**434**	55,772
1992	18,200	33,500	300	538	434	52,972
1993	16,750	32,000	300	524	434	50,008
1994	15,380	30,000	250	512	400	46,542
1995	14,000	28,000	300	500	400	43,200
1996	12,900	26,000	300	500	400	40,000
1997	12,425	24,000	260	450	400	37,525
1998	11,425	22,000	260	450	400	34,535
1999	10,925	20,000	185	450	400	31,960
2000	10,500	20,000	185	450	400	31,535

※ゴシックはピーク時の数字
R・S・ノリス、W・M・アーキン「ニュークリア・ノートブック」より。（『ブレティン・オブ・ジ・アトミック・サイエンティスツ』誌、二〇〇〇年三／四月号）

には第一攻撃戦略と切り離すことができないことである。対抗価値標的の支持者は、確証破壊が唯一責任ある政策であると主張する。なぜなら市民防衛ができないことを考えると、核戦争の結果はあまりにも受け入れ難いものであり、核兵器の軍事使用によって追求できるような正当な目標は何もない、と考えるからである。また彼らは、いかなる核兵器の使用であれ、急速で制御不能な形でエスカレートする危険性が不可避であると想定しなければならないと考える。実際、抑止の多くは、両方が事態を完全には制御できないこと、したがって両方が望んでいなくても戦争は起こりうるという事実のうえに成り立っている。

対抗戦力論者は、抑止のための最良の態勢は核戦争を戦う作戦能力だと主張する。彼らの主張では、多数の選択と、戦争の一つ一つの段階で優位を保つ能力をもつことにより、安定が確実になる。この考えが**エスカレーション優位**と言われているもので、将来の敵が、戦争エスカレーションのさまざまな段階の危険を受け入れる覚悟があったとしても、戦争には勝てないのだとわかるような状況をつくることである。

この考え方が生み出した大きな障害は、エスカレーション優位のための競争が軍拡競争を募らせたことだ。その結果、２つの軍備管理協定が署名されながら、核弾頭の数が1986年のピークで7万個になるという愚かしい状況がつくられた。米国だけでも5兆ドルを核兵器に費やした。

❖第一使用（先制使用）

米国は核の独占時代に西ヨーロッパ防衛のための核兵器第一使用

（先制使用）を約束していた。さらに、この独占体制が崩れたときも、米国はこの政策を維持しつづけた。アイゼンハワー政権は、1953年にこれを公式に採用した。NATOも1954年にこの政策を採択し、ソビエトの通常兵器による攻撃に対抗するのに戦術核の第一使用を公式に採択した。柔軟反応戦略が第一使用を継続させたのである。というのは、通常戦争を抑止し、通常戦争を起こしても相手側に何の利益も得させないためには、NATOの核態勢は、通常戦争を核戦争にエスカレートさせるという威嚇を含む必要があったからである。

危機が起こった場合、相互の第一使用の威嚇は、現実の第一使用へと発展する可能性がある。さらに悪いことには、ソビエトの核反撃に対して米国はぜい弱であり、そのため威嚇が実行されれば相手の反撃によって国が壊滅するかもしれないということがあり、第一使用を行うという米国の威嚇の信頼性は損なわれた。

冷戦が終わり、ワルシャワ条約が消滅すると、NATOは第一使用の選択肢に固執するとして批判を受けやすくなった。ロシアの通常兵力による侵攻は、NATOの通常兵力で抑止できるであろう。1998年には『ニューヨーク・タイムズ』まで、「ソビエト・ブロックの圧倒的な通常兵力による威嚇がなくなった今、NATOの第一使用の選択は再考される必要がある」（1998年12月8日）と論じた。

❖冷戦後の米国の核戦争計画の変化

1989年に突然冷戦が終わると、ワルシャワ条約の解体につづいてソビエト連邦が崩壊し、旧ソビエトの核兵器はウクライナ、ベラルーシ、カザフスタンからロシアに返還された。これらの全てと

1990年から91年の湾岸戦争の経験――加えて衝撃的なイラクの核兵器開発計画の発覚――によって、米国の核戦争計画は大きな変更を迫られた。

リー・バトラー空軍大将は、1991年から92年の米戦略空軍総司令官として、また、つづく1992年から94年には統合された戦略軍総司令官として、この過程に重要な役割を果たした。彼は、1991年に最初に米国核戦争計画を調査したときの気持ちを次のように回想している。

「私はやっと、相互確証破壊（MAD）の本当の意味を理解することができた。ソビエトの核戦争計画は多分例外として、私が人生のなかで調査した文書のなかで、もっとも馬鹿げた、もっとも理屈に合わない、もっとも無責任な唯一の文書であった。私の怒りはあまりにも激しかったので、私は調査をすすめながら、ワシントンの上司に私の懸念について警告した。やがて私は、自分自身を疑うような驚くべき真実に完全に気づいた。つまりそれは、私たちが冷戦を核のホロコーストなしに生きのびたのは、技量と幸運と神の意志のある組み合わせがあったからにすぎない、という真実である。なかでも神の意志の要素がもっとも大きかったのではないかと私には思われる。」（下線はバトラー）

ソビエトと中国にある12,500の標的が、いまだに10,000発の核兵器によってほぼ同時に攻撃を受ける状態にあるのをみて、バトラー大将は米国核戦争計画の標的数を少なくとも75%削減した。

バトラー空軍大将はまた、ソビエトの指導者ミハイル・ゴルバチョフに対するクーデターが失敗に終わったあとの1991年9月、ブッシュ大統領にもはたらきかけて、バトラー指揮下の戦略空軍爆撃機と数基の大陸間弾道ミサイルの高度警戒態勢を解除した。ゴルバチョフも1週間後に同様の措置をとった。さらに両指導者は、洋上艦と攻撃型潜水艦からすべての戦術核を降ろし、ヨーロッパ配備の核兵器を大幅に削減することに同意した。

これに加えて、1998年に英米安全保障情報評議会（BASIC）による重要な報告書が検証したように、第三世界の「ならず者国家」への「大量破壊兵器（WMD）」の拡散に対抗して核兵器を使用することに新しい力点をおくことが、核戦争計画の中心的な要素となった。1993年には第三世界のWMD標的を組み込んだ単一統合作戦計画（SIOP）の改訂版が発行された。（BASIC研究レポート98.2、「核の未来：大量破壊兵器の拡散と米核戦略」1998年３月）

ところが、より小さく、より多様な地域的WMDをともなう不測の事態に対応するように核抑止を拡大することは――初めての南半球の標的も含めて――核戦争計画者たちが急速に変化する指示や要求事項に直面するであろうことを意味した。これを解決するには「適応型計画」にもとづく全く新しい核戦争計画の装置を作りあげねばならなかった。「適応型計画」はNATOも採用した概念であった。この概念についてバトラー空軍大将は、特定のシナリオや敵を確定するのではなく、脅威の種類に応じて選択肢が選ばれると説明し、「完全を期するためには、これらの選択肢として核、通常の両方の兵器の使用を考慮する」と言った。

「生きたSIOP」と名づけられたものが、1994年4月1日に実施された。それは、伝統的なSIOPの最新版であるSIOP―95と結びつけて使われる予定のものであった。新戦略戦争計画システムは、1998年の遅くに初めて実施されるように計画された。そして

2003年に完成したあかつきには、イラン、イラク、リビア、北朝鮮などロシア以外の国のWMD標的の日常的な処理を組み込むことができるように、米国は能力を拡大することになる。これらの国はすべて核不拡散条約加盟国であり、またリビアはペリンダバ・アフリカ非核地帯条約に署名しているにもかかわらず、である。

❖米国の核態勢見直し　1993〜97

この能力拡大と時を同じくして、米国の核政策と戦力構成の大幅な見直しがあった。しかし、1994年に核態勢見直しは完了したが、蓋を開けてみるとほとんど何も変わっていなかった。米国の安全保障における核抑止の重要性が再確認され、核兵器はWMDの獲得と使用を抑止するものとして強力に特徴づけられたからである。これらの結論は公開記録からは大部分が削除された。公開記録は、見直しが核兵器の役割を減少させた、とのみ記している。

核以外の脅威を抑止するために核兵器を使うという問題の敏感性のために、その後の米国の核抑止政策のあいまい性が増大することになった。その理由の1つは、核の削減目標を、ブッシュとエリツィンが1993年に署名した第二次戦略兵器削減条約（START II）で合意した3,500レベルより低くしようとすると、標的リストを地球的規模に広げることが困難になることである。

この結果、クリントンは1997年11月に極秘の新しい大統領決定命令PDD60に署名し、1981年にレーガンが署名したものと置き換えた。ロシアの通常兵力と産業はもはや標的からはずされ、かわりに核戦力と軍指導部や文民指導部を破壊することに焦点が合わせられた。ロシアとの核戦争に勝つことはもはや目的ではなくなった。一方、中国に対する標的は拡大されて、ロシアでは外された通常兵器と産業を含むようになった。また、米国の核戦力がWMDの攻撃に対応する可能性のある地域紛争を具体的に特定した。

第三世界の標的を攻撃する米国の計画が続くにつれて、米国の政策決定者たちは、古くなって信頼性を失った「制御反応」に、無責任な危険性は変わらないにしても、新しい意味を見出すかもしれない。BASIC報告は次のように述べている。

「地域的核抑止が、現存の核態勢が提供することが出来ない信頼性を与えるとすれば、新態勢とその戦略は、旧戦略よりもっと核兵器の使用への意欲を示すにちがいない。」

これは冷戦期の抑止への逆戻りであるが、こんどの相手はもっと予測困難で、おそらく核武装していない敵である。

❖NATOの現在の態勢

一方、米国の核政策と核計画のこのような大幅な変化に神経質に従いながら、NATOは、1999年4月に出された新しい「戦略概念」では、ほとんど核兵器に触れなかった。これは、NATOの現在の核態勢が、柔軟反応にはふれずに、確証破壊、それも非常に可能性の低い最後の手段としてのもの、という形にとどまっているためだと推測することもできる。それにもかかわらず、「ヨーロッパと北アメリカの同盟諸国間の重要な政治的・軍事的関係を維持するために」若干の戦略以下の核兵器の配備をつづけており、米国の自由落下型核爆弾に加えて、「少数の英国トライデント弾頭」をNATOのヨーロッパにおける戦略以下の核態勢の一部として、はじめて具体的に位置づけている。イギリス政府はこう説明する。

「戦略以下の能力は、戦略核兵器の応酬が避けられなくなることを怖れる自己抑止が働いて、核武装した侵略者が、我々に対して賭けに出るようなことが絶対にないことを保証するための重要な要素である。そのような極限状態にあって、同盟国の強い自衛の決意を政治的なメッセージとして侵略者に送るためには、この戦略以下の能力が核兵器の限定的使用を可能にする。イギリスはトライデントのミサイル弾頭の威力を一定の柔軟性をもって選ぶことができる。」

この謎のような最後の一文については、第４章で述べることにする。

表面化した反対意見　1999年のワシントンでのNATO50周年記念サミットの準備段階で、NATOの核政策に対して内部に異論がある証拠がはじめて表面化した。その前の12月に国連総会では「核兵器のない世界をめざして――新しいアジェンダの必要性」と名づけられた決議が採択された。米国、イギリス、フランスがこの決議に反対するように強い圧力をかけたにもかかわらず、トルコ以外のNATOの非核保有国全部、それに日本とオーストラリアが棄権した。核政策に対するこのような不服従は先例がなかった。

この決議の提案国は、冷戦ブロックを超えた中堅8カ国政府の新しい連合であった。これらの政府は核兵器廃絶に進展が見られないことにごうをにやしていた。1998年6月、ブラジル、エジプト、メキシコ、アイルランド、ニュージーランド、スロベニア、南アフリカ、スウェーデンが、核兵器廃絶について新しい感覚で緊急性を訴える共同声明を発表していた。「新アジェンダ連合」と呼ばれる彼らは、核保有国と、核保有能力をもつインド、イスラエル、パキスタンの3カ国の両方を批判し、これらの全ての国が、核軍縮に必要な実際的な中間的措置を実行するとともに、核兵器廃絶のために必要な条約の交渉に緊急にとりかかることに同意するよう要求した。スロベニアだけはNATOの圧力に屈して脱落したが、残りの7カ国が国連決議を推し進め、決議は圧倒的多数で採択された。

米、英、仏は、はじめは決議が核抑止と両立しないとして反対した。しかし、カナダはすでに1996年の世界法廷の勧告的意見にてらして自国の核政策を見なおしていたし、ドイツはちょうど社会民主党と緑の党の連立政権に代わったところであり、両方とも野党時代にはNATOの核政策は変えるべきだとしていた。米国の同盟国の政府に対する市民グループの強力なロビー活動の結果、カナダとドイツが共同で棄権にまわる戦略をとり、これが効を奏した。

一方、ドイツのジョシカ・フィッシャー外相はNATOの第一使用政策（先制使用）に公然と挑んだ。

投票の1週間後には、カナダ議会の外交貿易常設委員会が核政策見直しを発表して、カナダ政府に「NATOの同盟戦略概念についての現在の再検討や必要な更新は、核問題を含むべきであることをNATO内部で強力に主張する」ことを求めた。カナダ政府は、進行中の本格的な戦略見直しの一部として、核政策の見直しをNATOに要求することによって、議会の要求に応えた。

すでに触れたように、NATOは1999年4月のワシントン・サミットで、新しい戦略概念を発表している。NATO共同コミュニケは、「全体的な戦略上の進展や核兵器の重要性の減少に照らして、（NATO）同盟は信頼と安全保障醸成措置、検証、不拡散、軍備管理、軍縮に関する選択肢について検討を行う」と述べた。カナダのロイド・アクスワージー外相は、表現があいまいなのは、米、英、仏が核政策の見直しをしぶしぶ受け入れたことを隠しているからだ、と暴露したが、NATOの官僚は後にこれを否定した。

新アジェンダ連合は1999年の国連総会に決議の改訂版を再提出した。NATOの核兵器国は、とりもどしたはずの結束を持続するために、再び強い圧力を行使したが、増加して19カ国になった加盟国のうち14の非核兵器国が日本やオーストラリアとともに棄権した。NATOは2週間後、核政策の見直しが行われるであろうと発表した。2000年の12月に結果が出ることになっている。

❖フランスのフォース・ド・フラップ

それは、英仏がスエズでの冒険に敗れた1カ月後のことであった。1956年の12月まで、フランスに核武装の意志はなかった。スエズ戦争において、英仏両国は米国の同意なしには何も大きな軍事行動を起こす能力を持たないことが暴露されていた。イギリス人はアングロ・サクソンとしてのアメリカ人との特別な関係を利用して、相互依存の道を選んだが、フランス人にはその選択肢はなく、国はまだ第二次大戦からの復興期にあった。

第二次大戦でフランス軍は屈辱的な敗北で信用を失っていたし、国民はナチスによる占領の後遺症で動揺していた。そのうえ、軍隊の主力、とくに海軍は、ナチス占領軍と協力関係にあったヴィシー政権とのつながりで、信頼の失墜が深刻であった。大戦期、フランスにはドゴール将軍の自由フランス軍、共産主義者主導のレジスタンス、そして前ヴィシー軍が並存していた。そうした中から、軍を建て直すのには時間がかかった。

それにもかかわらず、1958年に大統領になったドゴールは、フランスもイギリスの受けた特別待遇に加えてもらう可能性がないものかと米国にさぐりを入れたが、はねつけられた。フランスの核保有の決定は、イギリスより10年遅かったが、研究のほうは世界各国での発展と歩調を保っていた。フランスは、1960年2月13日にアルジェリアで最初の核爆発実験を行った。

1962年12月のケネディー・マクミラン会談は決定的であった。これで米英のフランスに対する疑念は確実になり、フランスが表だって米英と協力する見とおしは全く失われた。ドゴールは1963年1月14日に自国の核の完全な独立を宣言した。フランスの核計画は、超大国の覇権からの独立と自国の民族的独自性を明確に提示するという、ドゴールの二本立ての政策目標を達成するための鍵となった。また、歴史的ライバルであるイギリスがヨーロッパで唯一の核保有国であることをこれ以上許せなかったことも、別の要素として存在した。

しかしながらドゴールが創りあげた核の哲学は、自国の「致命的な利益」に対するあらゆる攻撃を抑止するために、フランスは全ての選択肢を残すこと、そして主に核使用の威嚇に頼る、ということだけであった。それでもドゴールは、唯一無比の許容しうる信頼システムの提唱者として、フランス国内では無条件で受け入れられた。1969年に引退した後で表明されたドゴールの見解でさえ、まるでフランス国家を拘束するものであるかのように扱われた。後継者たちはドゴールが遺した正統性に挑戦できない、あるいはしようとしないまま、彼を追いかけ、彼の役割と象徴性から力を得ようとした。ミッテラン大統領は自分を「神」と呼び、「私は抑止……」と宣言した。

フランスの教義のきわだった特徴は、「全方位」の核抑止である。

ムルロアにおける大気圏核実験（写真：シグマ）

この教義を生みだしたエイエール将軍は、フランスの宿敵、なかでもとくにイギリス、ドイツ、そしてほとんど付け足しであるが、ソビエト連邦（それもスターリンの生存中だけの）への警戒を呼びかけた。これは、フランスのプルートン短距離地対地核弾頭搭載ミサイルが、なぜとくに西ドイツの領土に照準を合わせていたかを理解するてだてになる。

それでもなお、フランスを第４の核保有国にするというドゴールの決断は、最初、主に強力な共産党の抵抗を受けた。例えば、南太平洋で行われた1968年8月24日のフランス初の熱核爆発実験の後で行われたアンケート調査では、市民の52％がフランスの核戦力に反対を示した。国防に対する世論の幅広い同意は、1970年遅くにやっと形成されたにすぎない。それ以来、防衛問題についての不一致を避けることが望ましいという合意がフランス社会全体に広がり、核兵器に対する国民の強い反対運動が驚くほど生まれなかったのである。これは、フランスの核兵器は抑止手段であって抑止は必ず成功する、だから、核兵器を使うことはない、と政府が説明したことにもよる。一般市民の無関心は、高額な費用を要する核兵器計画を覆っていた高度な秘密主義が作り出した、彼らの無知と密接に関係している。それは、イギリスの場合と同じであった。

もうひとつ、フランスを核の野望に駆りたてる信念の中心にあるのは、フランス人の自分たちは「ヨーロッパでもっとも古い国」だという思いである。それが、彼らに偉大さを天賦のものと思わせ、核保有国になろうとすることに正当性を与えている。この確信が強かったので、核技術の輸出にも抵抗感がなかった。フランスは、イスラエルばかりか、アルゼンチンとブラジルにも核技術を提供した。ジャック・シラクが首相になると、フランスはイラクに最初のオシラク原子炉を供給し、他にも核拡散の可能性をもつ国を援助した。しかし、1980年代には核拡散に対する関心が増大し、湾岸戦争後には、フランスもついに核不拡散条約に署名した。

「フォース・ド・フラップ」(訳者注：フランスの核戦力をこう呼ぶ。「攻撃力」の意) は1964年にミラージュⅣ爆撃機という形で作戦配備された。1971年に6隻の弾道ミサイル潜水艦の最初の1隻と地上配備弾道ミサイルが作戦に加わるまでは、フランスはこのぜい弱で限界のある戦力に依存しなければならなかった。地上配備弾道ミサイルは数が少なく、信頼できる抑止力にはならなかった。しかし、潜水艦の方は、それも、交替して1993年までに5,000kmのM-4ミサイルを装備したあとでは、恐るべき戦力である。1996年、フランスは地上配備弾道ミサイル戦力を廃棄し、爆撃機の戦力を更新して戦略以下の任務の能力をもたせることを決定した。やがて、潜水艦戦力にはM-4ミサイルを更新したM-45が装備されることになっている。

独立の建て前にもかかわらず、フランスは米国の軍事的・技術的援助を受けた。原子力潜水艦の開発には米国の援助が必要であったし、またミラージュⅣ爆撃機の空中給油のためにも米国から12機のKC-135タンカー航空機を購入した。この空中給油能力が加わってはじめて、ミラージュはソビエト連邦内の標的に達することができたのである。

❖英仏・核協商

1992年以来、英仏核協力共同委員会が定期的に開かれている。この一見意外な展開は、ますます危うくなっていく国連安全保障理事会の常任理事国としての両国の立場——とくにドイツ統一後はその傾向が顕著になった——を維持することと、敏感な核問題について欧州連合（EU）内部で共通の立場を示すことを、両国が必要としたために生じたものである。

英仏の最優先の課題は、両国の抑止論を調和させる努力であった。とくに、1993年には抑止論の徹底的な比較が行われた。あるフランスの関係者によると、両国の方法論にはそれほど際立った差はなかったということである。

新しい「核協商」（訳者注：1904年の英仏協商に名ぞらえた言葉）は、1995年の英国でのジョン・メジャー首相とシラク大統領の会見で公になった。このときメジャー首相は、フランスが南太平洋で行った核実験の再開を非難しなかった。両者は次のような共同宣言を発表している。

「フランスあるいはイギリスの重要な国益が、他方の重要な国益が脅やかされずに、一方のみが脅かされるような事態を考えることはできない。我々は、両国の核協力を追求し、深めることを決定した。我々の目的は、我々の核戦力の独立性を保持しつつ相互に抑止を強めることである。北大西洋同盟のヨーロッパの加盟国である二つの核保有国が協力を強めることは、同盟全体の抑止力のなかでヨーロッパの貢献を強めることになるだろう。我々は核共同委員会にこれを具体化するように指示した。」

あるイギリスの新聞が、戦略以下の抑止に関する広義の定義について合意があったと報じた。

> 言いかえると、侵略者の前進に対して、低威力の核兵器の「警告発射」を行う。同時に、攻撃を止めなければ大規模核攻撃があるという威嚇の警告も与える。見たところ、この警告発射は、国家の「命運にかかわる利益」が脅かされると同時に行われると思われる。
>
> フランス流の考え方では、核兵器の役割は、使用よりも抑止を目的とした、最終手段のための戦略兵器であることがいつも強調されてきた。冷戦の終結によりNATOは柔軟反応の教義の放棄を迫られているが、まだ新しい考え方は策定されていない。NATOの軍事教義が固まらないことで、イギリスとフランスの考え方が接近する余地がいくらか生まれたのである。しかし、イギリスの防衛専門家は、フランスがNATOの核計画グループに復帰しない限り、ほんとうの気持ちの一致は得られないのではないかという。フランスは核兵器の使用についてのNATOの議論には、すべて距離をおいている。(『フィナンシャル・タイムズ』

｜1995年10月31日）

しかしイギリス人は、これをうのみにする必要はない。フランス人は、フランスの「命運にかかわる利益」とはどういうことなのか、敵にはっきり分からないことの重要性に、大きな価値をおくからだ。――「不確実性こそ、抑止の重要な要素である。」（ベアトリス・ヒューザーの著書から引用、1998年）

さらにフランスの核抑止論には、これよりもっと根本的な問題がある。問題の焦点が作戦論であるにもかかわらず、フランスの核論争は抽象的な考察に支配されているのである。フランスでは、核兵器は戦争よけの手品だと信じられている。核兵器イコール平和であり、独立であり、国際的地位であり、フランスの栄光ある過去の誇りである、といった単純な国内むけのメッセージのために、フランスの作戦戦略やNATO同盟国との作戦上の関係のあいまいさが放置されているのである。

世紀の終わりを迎えて、新しい戦略の環境で、ドゴールの処方した核という薬剤がフランスの精神状態を正常にもどしたなかで、フランスの市民がもう一度自国の本当の偉大さをとり戻す時期にきていると言えるだろう。ベアトリス・ヒューザーが見事に表現しているように、「彼らにはまだ名誉ある核という薬（あるいは「気休め」？）が要るのでしょうか？」

もちろんこれには、核拡散が懸念される対象者に対してどのような手本を示すか、ということをつけ加えなければならない。1985年、ニュージーランドのオークランドでフランス政府の秘密工作員によってグリーンピースの「虹の戦士」号が沈められたとき、フラ

フランス政府によって沈められたグリーンピースの「虹の戦士」号（1985年７月10日／写真：ジル・ハンリー）

ンスの偉大さや文明的価値の証しがどのように映ったであろうか。この船は南太平洋で行われたフランスの核実験への反対に直接関係していた。当時のニュージーランド首相の言葉をかりると、「核抑止に反対する者に対してフランス政府が命じたテロに、西側の指導者たちが示した怒りはその場かぎりのものではなかった。」（ロンギ首相、1990年）

❖まとめ

核抑止論のドグマが紆余曲折しているのをみると、自らひき起こした核軍拡競争の後もどりのきかない水準に合わせるため、いかに都合よく調整されたかがわかる。本章冒頭の引用文で触れたように、核保有国の政治・軍事機構の指導者たち――とりわけ米・英において――は、偏執症的精神状態とイデオロギー対決という国際的環境のなかで、核政策に知的一貫性を与えるために格闘してきた。それに加えてイギリスとフランスの指導者たちは、スエズ戦争の痛手と、崩れおちる帝国の不安に駆り立てられて、強大国の地位と影響力を維持するために核抑止にすがりついたのである。とくに第一次大戦の大量戦死の後、一世代もたたない間に、再び第二次大戦での敗北とナチス占領を経験したフランスにとって、その必要性は切実であった。

米国では――懸命にヒロシマ・ナガサキを無視しながら――マンハッタン計画は極秘の核科学と軍のモンスターを作り出した。そこでは、誇張された脅威に反応して、さまざまな部隊が、しばしばあい競合する開発計画にとり組んだ。これを推進した原動力は、核抑止というドグマであった。

ベルリンの壁がまったく予期せぬかたちで崩壊し、束の間であったが、ゴルバチョフが冷戦時代の安全保障の拘束を破ることができたときに、核の悪夢から抜け出す好機の扉が開いた。ところが、そのときサダム・フセインは、西側の技術と貪欲、それにイスラエルを見てみぬふりをする共謀者に助けられ、かつてイギリスの演じた役を模倣して、核兵器を獲得しようとした。湾岸戦争と、ゴルバチョフの失墜は、大量破壊兵器の拡散に対抗するという自滅的な核兵器の新しい役割をともなって、激しい巻き返しが始まる合図であった。この、以前よりはるかに複雑で予測のつきにくい世界における核抑止ドグマのもろさは、次の章を貫く主要なテーマとなる。

第4章
実用性

抑止は我々の盾であり、ひいては剣であった。核の信奉者はその徳を賛え、その要求にひざまずいた。抑止の危険性と費用を公然と非難しながらも、同盟国はその命令に従った。我々は敵に向かってそれを振り回し、相互確証破壊というその当然の自殺的結末を敵はわかっていると推定した。我々はその欠点を無視し、見くびり、見逃した。そして安全保障の全体構造が一変した今に至っても、まだそれが世界に通用するという信念にしがみついている。

リー・バトラー空軍大将

核抑止の実用性についての以下の批判は、核抑止がはっきりと試された極めてまれに見る実例からはじめる。つづいて、主な問題点を論じ、頻繁に話題になる主張や仮説に挑戦する。

❖キューバ・ミサイル危機

1962年10月のキューバ・ミサイル危機では、米国の強制外交とエスカレーション優位の方策が比較的成功した。ソビエトの指導者フルシチョフが、持ち込んだミサイルを撤収することに同意したのである。一見米国側の成功のように見えるが、そもそもミサイルを配備しようとフルシチョフが意図したこと自体が、抑止の劇的な失敗であった。しかもそれは、戦略核戦力における米国の優位のもとで起こったことである。キューバにミサイルを配備しようとしたソビエト指導部の決定は、もっとも厳密な意味においての抑止の失敗ではないという主張があるかもしれない。結果として米国は攻撃されなかったからである。しかし、抑止が、核戦争に発展しうるような挑発を防ぐことを想定しているとすれば、キューバへのミサイル設置はまさにそのような挑発であったのであり、キューバの例は抑止の失敗と評価されるのが正当である。

フルシチョフがキューバにミサイルを送る決断をした後、米国のケネディー大統領はソビエトのミサイル持ち込みは容認できないと警告した。ケネディーはフルシチョフがキューバにミサイル基地を置く意図をもっていないと信じてこの威嚇を発した。ところがフルシチョフは、ケネディーの警告にもかかわらず秘密のうちに配備を進めた。フルシチョフは、キューバを侵略から守り、戦略バランスの不均衡をただし、米国と心理的に対等の立場を確立するためにミサイル配備が必要であると確信していたのである。

なぜ抑止が失敗したのかをめぐって、キューバ危機については相反する分析がある。理由はともあれ、抑止の失敗は冷戦の最も尖鋭な危機をさらに悪化させた。

30年後のロンドンで、ロバート・マクナマラは、生存中の当時の政策決定者が1987年以来、毎年会合を持ってきたことを聴衆に話した。その会合のなかでマクナマラは、当時のソビエトの明確な意図はだますことであったことを知った。だれも瀬戸際まで行こうとは意図していなかったのである。

フルシチョフは無謀だったし、誰もが巨大な誤算にはまりこんでいた。

（1）ソビエト連邦は米国がキューバを侵略すると信じていた。

（2）米国は、ソビエト連邦が決して国外に核兵器を持ち出さないと信じていた。

（3）ソビエト連邦は、ミサイルは発見されないと思っていた。

（4）米国は、ソビエト連邦が報復しないと思っていた。——しかし、ソビエト連邦はトルコにある米国のミサイルを攻撃する準備をしていた。

1962年10月27日、土曜日は危機的な日だった。両陣営は逆戻りはできないと思っていた。カストロはソビエトの核ミサイルを自衛手段として使う意図があるというシグナルをフルシチョフに送っていた。マクナマラは10月29日、つまり危機回避の翌日、キューバには核弾頭つきのソビエトの戦略ミサイル36基だけではなく、米侵略軍に対して使用するために派遣された専門家つきの９基の戦術核弾頭もあったことを知って、ぞっとした。米軍は核装備をしていなかった。

キューバ危機の衝撃の後、核戦争を恐れて超大国の指導者たちが内部的にはそれまで以上に注意深くなったことはまちがいない。しかし、このような危機の生んだ恩恵も、抑止自身に内在する矛盾と力学によって蝕まれた。この必然的な侵蝕の過程は、冷戦終結後10年以上たった今も続いている。

1996年の核兵器廃絶のためのキャンベラ委員会が——マクナマラとバトラーも委員であった——は、この過程の証拠を残した。核抑止を支持する理論はほとんど全て論破したが、最後の障害物で彼らはつまづいた。彼らの報告書は力つきてこう述べたのである。

「一見したところ、核兵器に残された唯一の軍事的効用は、相手が核兵器を使うことを抑止することだけのように思われる。」

前フランス首相がメンバーの中にいたので、全員一致のためにはこれが精一杯だったのであろう。しかしこの主張は、惑わされそうであるが、実際には批判に耐えられるものではない。もっとも決定的な反証は、信頼性にかかわるものである。

❖信頼性の問題

抑止が働くためには、侵略者は抑止力が使用可能であり、実際に使用されるものであり、使用された場合には効果的である、という保証がなければならない。さらに抑止する側は、その戦力の使用が自分自身に悲劇的な結果をもたらさないという、合理的な理由のある自信がなければならない。しかし実際問題として、報復的第二攻撃の能力をもつ敵に対する核の威嚇に信頼性をもたせることは、とりわけ困難である。

ローレンス・フリードマンはこのことを強調して、「もし抑止に失敗したらどうなるかという問題は、核戦略の一貫性と信頼性にとって致命的な問題である」と述べた。(『核戦力の進化』1981年)

ジョナサン・シェルは外科的な正確さでこの矛盾を衝いている。この矛盾は核抑止論にとって逃れることのできないものであり、とりわけ核保有国同士のあいだではそうである。

「とどのつまりは、信頼性のある使用なくして、信頼性のある威嚇はないのだ。――物体のない影はなく、現金払いのないクレジットはない。しかし、核の使用は、我々すべての終わりを意味し、なによりもその使用は我々が望まないことであるから、当然、我々は核を使う根拠を見出すのにゆきづまる。この矛盾を現実として理解するためには、自国が、第一攻撃でたったいま壊滅されてしまったときの指導者たちの姿を頭に描いてみればよい。」

これにつづいてシェルは強力な演繹を行う。

「報復が無意味であると認めることは、見方によれば、言葉の意味の上で、一方的な武装解除と同じことになる。かくして核抑止論は抑止論自身について論争することを抑止する。この付随的な『抑止』が、核戦略についての『現実的』思考の少なからぬ要素となってきた可能性がある。」

❖「核抑止が大国間の戦争を防いできた」？

核兵器支持側が際限なく繰り返すこの言い分の第一の問題点は、それが、通常兵力だけであったならば戦争が起っていただろうという主張の立証を何もしないことである。マイケル・マクグワイアは「米国の脅威評価が、ソビエト共産主義を軍事力による世界支配をめざすものとして描くのに専念していた1946年から47年にかけて、ソビエト連邦は国民の食糧不足に直面しており、ロシアの鉄道システム復旧の助けとしてドイツ鉄道の複線をはずすかという応急策をとっていた」と指摘している。

1952年に駐ソ米国大使であったジョージ・ケナンは、1984年に次のような権威ある判断を述べている。

> 私はこれは全くのナンセンスだと理解する。ソビエトの指導者たちが、そのような野望が彼らの利益になるとは思わなかったと考えられる根拠は数多くある。なかでも小さくない理由として、

歴史のその時期にソ連が置かれていた極度の軍事・政治的な孤立があげられる。ソビエト連邦の同盟国に大国は一つもなかったことを想起してほしい。同盟国は従属的な二流国だけであり、力は弱く、重大な軍事衝突のときの頼みにならない。さらに彼らは、だいたいモスクワへの依存を嫌っていたのである。

ソビエトの指導者たちが我々との戦争を望んでいないし、戦争を先に始める計画もないということは、私にとって明白なことである。とくに私は、彼らが西ヨーロッパで軍事的に境界線を破ることが彼らの利益になると考えていると決して信じたことはないし、あるいは、たとえいわゆる核抑止が存在しなかったとしても、戦後のあの20〜30年に、あの地域に攻撃をしかけただろうと思ったことは、一度もない。

ソビエトは、とくに戦争直後は、国内と東ヨーロッパで地歩を固めるのに手一杯であった。常に監視を要するような敵対意識のある領土を早急に必要とすることもなかった。それに1946年から47年にかけて、ウクライナでは大飢饉があった。ソビエトは2000万人もの死者を出した第二次大戦から立ち直ろうとしていたのであり、その上にさらに死者を加えるような気分には毛頭なかった。ドイツ降伏後３カ月でソビエトの指導者スターリンが出した日本に対する宣戦布告は、ソビエト連邦内では大きな失望で迎えられた。この上、西側に対し冒険主義の戦争を起こしたならば、不満がつのって東ヨーロッパでの暴動や国内での革命を誘発する危険性があった。スターリンは、多くのソビエト市民、とりわけウクライナ市民が、最初はドイツ人を解放者として歓迎したことを忘れていなかったであろう。

ソビエト連邦が西ヨーロッパを奇襲攻撃する能力を持っていたとしても、1941年のパール・ハーバーの後に米国がやった報復を、米国がもう一度行うのを阻止することはできなかっただろう。したがって、ソビエトが西ヨーロッパを容易に占領する通常戦力をもっていたと仮定しても、南から西から、そして東から、大陸をまたいで長期の消耗戦を戦うという威嚇を与えることが出来た米国の能力は、核兵器なしでも彼らを抑止したであろう。

スターリンがヒロシマとナガサキによって衝撃を受けたのは間違いない。しかし彼が——とくに東ヨーロッパの重要な地域で——それによって恐れをなしたとか、彼の行動に特別な制限が加わったかどうかは明らかでない。スターリンが自制してより大きな挑発を行わなかったことを見れば、もう1つの第二次大戦という亡霊が、彼を抑える十分な抑制力であったように思われる。

ロシア語に堪能なリー・バトラー将軍も、この主張を検討している。

> ソビエトの公文書に関する調査は、冷戦のもっとも緊張した時期のソビエトの指導者たちの意図や動機に今も極めて重要で新しい光を当てる。例えば、ウィッドロー・ウィルソン・センターの冷戦期国際史プロジェクトのボイテク・マストニー上級学術研究員は、抑止論争を分析し、NATOが大いに誇りとした核能力は、最終結果に対しては、通常戦力よりはるかに重要性が低かったことになると結論づけた。むしろ何よりも、NATOが敵を打ち負かしたのは、そのソフト・パワーであった。
>
> 核兵器は、それ自身では、大型戦争を防止できなかったし、またこれからもできないであろう。そして核兵器の存在が冷戦を必

要以上に長く、激しいものにした。今日の国際環境においては、核兵器使用の威嚇には信頼性も、軍事的効用もないことが暴露されてきた。朝鮮で、台湾海峡で、インドシナで、そしてペルシャ湾で、大統領たちは――民主党、共和党を問わず――強い態度で核兵器の使用を拒んだ。深刻な挑発に直面してさえ、そうであった。

インド、パキスタン両国は、核保有に進んだことで全ての戦争に対して効果的な抑止を生み出した、と自慢した。実際には、彼らの核兵器は限定的な通常戦争を実行するための理由づけになってしまった。しかも、限定通常戦争は極度の誤算や敗北をきっかけに、核戦争になる可能性がある。インドとパキスタンの距離の近さが、偶発的核戦争と放射性降下物の危険性をより深刻なものにする。インドが1974年に最初の核爆発装置を実験したときに、ニューデリーのダニエル・パトリック・モイニハン米国大使は、インディラ・ガンジー首相にこのような予言めいた手紙を出した。

「インドは大きな過ちを犯しました。10年もすれば、今度はパキスタンの将軍かだれかが貴女に電話をしてこう言うでしょう。私は核兵器を４個持っている。カシミールをもらいたい。いやならこれを全部貴女のところに落としましょう。そしてみんなで天国で会いましょう。そのとき貴女はどうしますか？」

❖核抑止は対立をあおる

米国とソビエト連邦の対立と、米国が核兵器を保有したことが、ソビエトを核保有へ導いた。だが次には、核抑止論が、敵対と不信の関係を永続化した。今私たちは、インドとパキスタンの間に、同じ力学を目撃している。エンマ・ロスチャイルドは1983年にこの根本的な弱点を的確に指摘して書いている。抑止は、「政治的関係の悪化や、恐怖と憎しみの拡大を防止しなかった——実際にはそれらを必要とした。そして、この恐怖と憎しみこそが、我々を戦争にもっとも導きやすいものであると、私は確信する」。

マクグワイアは、さらに進める。

> 抑止論は、米国の外交政策の発達を阻害した。抑止と、その結果としての封じ込め政策が、外交防衛政策を支配する概念であったので、脅威認識は1947年〜53年の鋳型の中に凍りついたままであった。抑止理論は、このような世界観を、反証や反対の分析に対して無感覚にしてしまうような知的な枠組を提供した。
>
> 要するに、抑止論は防止と懲罰的手段を好む強引で非政治的なスタイルを育成し、交渉を信用せず、妥協を弱さとみなした。世界的な諸問題の処理を、ソビエト連邦と協力して行うことが米国の利益にもなりうるということは、考慮の外におかれた。また、将来のソビエトの政策を形成するよう設計された長期的目標というようなものは、言うまでもなく問題外であった。

それ以上に、敵意を持った抑止の関係は、思いがけない結果を生む。インドとパキスタンが直面している気の重くなるような問題が、これをもっともよく物語っている。生き残りうる第二攻撃能力をもつことに双方が成功したとしても、彼らは悪夢にとらわれるだろう。これを、スティーブン・シンバラが分かりやすく描き出している。

「どちらの戦力も生き残る可能性があるということは、攻撃しようと思った側は、相手側の報復用兵器を打ち負かすことはできないという見込みに直面するわけで、危機を不発に終わらせるのに役立つかもしれない。しかし、それは反対の効果を生むかもしれない。もしも国の指導者たちが、行動を計算しない非理性な人物で、見栄や恐怖で戦争をはじめる傾向があったならば、戦争前のバランス計算は、彼らを抑止することにならず、逆に彼らを戦争に向かわせるかもしれない。抑止と挑発の間には微妙な線があるだけである。正常な平和時の条件では安定した抑止力と受けとめられる戦力も、究極の価値が危険にさらされるような危機において相手側の意識の中では挑発に転換する。」（下線は引用者）

❖自己抑止

侵略側　侵略者は天然資源、水、肥沃な土地、施設、景観美などの価値のために他国をわが物にすることを望む。ところが核攻撃とは、破壊と放射能の毒性のために使用不可能になり、公衆衛生の破局のなかで手の施しようのないヒバクシャがいる領土を手に入れることを意味する。チャーチルは1945年２月の同盟国のドレスデン空襲の後、同盟国は「完全に瓦礫と化した土地をひき取る」という危険を犯した、と警告した。――それでもそれは、通常兵器爆撃による破壊であった。米、英、仏は、いかなる場所であれ生物・化学兵器の攻撃から自分たちの致命的な利益を守るために低威力の核兵器を示威目的で使うことを考慮している。たとえ低威力の「示威的」攻撃であっても、国際世論を激怒させ、それは自殺行為となるであろう。したがって、まともな意識をもった者であれば、核兵器を使用して侵略するものはいないであろう。

防衛側　非核保有国に打ち負かされようとしている核保有国にとっ

ても、核兵器は自己抑止的に働くという証拠がある。朝鮮やベトナムでの米国、アフガニスタンでのソビエト連邦は、核による報復に訴えて究極の不名誉を得るより、撤退を選んだ。

NATOがどのように自己抑止するかについての最近の考察としては、デイビット・ヨストのものがある。

「NATOが実際に米国の核兵器を使用するにいたるはめになるような危機においては、同盟国内の議会その他の世論の場で、厳しい公開論争をまき起こすであろう。そこから出される最優先の要求は、おそらく危機の原因となった挑戦に対して通常兵器による対処法を見出し、核兵器使用の決断を回避せよ、ということであろう。危機が去った後、ヨーロッパにある米国の核兵器は、NATOの安全保障を確実なものにする手段の1つというより、むしろ問題をひき起こし危機をもたらす原因とみられるであろう。」

❖「戦略以下」の核抑止

1979年に殺害される前の最後の演説で、海軍元帥マウントバトン伯爵は次のように述べた。それは1950年代に、イギリス軍組織の何人かの指導者たちが認めていたことであった。「いかなる等級の核兵器であっても、戦術的目的とか戦略的目的とかによって分類されるという考え方の根拠を、私は決して受け入れることはできなかった。」

核抑止の推進者たちは、より使いやすい核兵器があれば核戦争はもっと起こりやすくなるという議論に対して、自分の意見を言うべきである。核抑止の論理を守りきるためには、彼らは使用可能な核兵器が望ましいことをはっきりと表明するか、あるいは抑止ははったりの上に成立していることを認めるかしなければならなくなるだろう。現在のところ、彼らはいくら食べてもケーキはなくならない、というようなごまかしをしようとしている。（訳者注：「都合の良い面ばかりを採ることは出来ない」ことを意味するのに、英語で「ケーキを食べればなくなる」という言い回しがある。）

これは非常にさし迫った問題である。NATOの核保有国は、生物・化学兵器で攻撃するという威嚇に対抗するという新しい正当化の論理と結合させて、核兵器を最初に使用する選択肢を保持する考えに固執している。一方、冷戦時のNATOの理由づけをまねて、ロシアは劣勢な通常兵力を補うために、膨大な量の戦術核兵器への依存を復活させた。したがって、戦略以下の核兵器は最初に使われる兵器であり、もっとも使われる可能性の高い兵器となろう。

例えば、イギリスのトライデント弾道ミサイル潜水艦の部隊は、現在は戦略以下の役割をもち、そのミサイルのいくつかには恐らく威力の小さい一発の弾頭だけが装備されるものと推測される。第３章ですでに述べたように、1994年4月、NATOは、「少数のイギリスのトライデントの弾頭」は、現在ヨーロッパにおけるNATOの戦略以下の態勢の一部である、と初めて発表した。英国政府はそれに、「政府はトライデント・ミサイル弾頭の威力の選択について、一定の柔軟性を持っている」とつけ加えた。

この弾頭に関して、これ以上はなにも公けにされていない。だが、使われようとしているのは、ほとんどまちがいなくイギリス製のものである。（ロシアや中国のものを含めて、配備されている核兵器のほとんど全てについて、もっと内容が知られている）。公けにされない理由は、イギリスのトライデント・ミサイルの１基に搭載されている

3発の100キロトン独立目標（MIRV）弾頭でさえ、自暴自棄になった政治体制やテロリストに対しては、信頼性のある威嚇にならないからである。なぜなら、各弾頭の爆発力は広島型原爆の約8倍もあり、したがって、国内で自己抑止が働くだろうと考えられるからである。

ここに、米英両政府にとってもう1つの問題がある。独立をみせかけようとするイギリスの努力にもかかわらず、英トライデント・ミサイルの使用は、米国のトライデント発射と見分けがつかないだろうという問題である。英連合軍隊研究所のマイケル・コドナー中佐はこう警告する。

「戦略以下の役割としてのトライデントは、威圧の手段としての柔軟性において、オーダーメイドのシステムより劣っている。というのは、予想される侵略者の感じ方からすると、戦略以下の威嚇と戦略的威嚇とを区別するのが困難だからである。どちらの場合も射程距離は同じであり、発射台をそれが狙っている領土の目標と関連づけることはできず、したがって攻撃の意図を示す証拠もない。そしておそらく発射時に、その攻撃が戦略以下であることを示すものはなにも監視システムには現れない。そのためには爆発の回数を数えるしかない。」

そういうわけで、もしもイギリスのトライデントの戦略以下の攻撃が核保有国に向けられた場合、相手の国はその爆発力の強さがわかるのを待っているのではなく、それを戦略的第一撃と判断し、戦略的報復を行うであろう。それから推論すると、戦略以下の役割は、非核保有国を威嚇するだけに限られるべきだということになる。また発射によって潜水艦の位置が明らかになり、予想される反撃にさらされることになる。

問題はさらに広がる。イギリス政府がこのような戦略以下の抑止政策を発表すれば、非核保有国のあいだに不安を高めるであろう。その結果、イギリス政府は、拘束力のある消極的安全保障（訳者注：非核保有国に核攻撃を加えないという保証）を与え、トライデントの戦略以下の役割を放棄するよう圧力を受けることになるであろう。実際、今やイギリスの攻撃型潜水艦は通常弾頭の巡航ミサイルを搭載しているのだから、戦略以下の攻撃を行うには、この方がはるかに釣り合いがとれているし、効果的であろう。

同様に重要なのは、「核のしきいを超える」危険性だ。スティーブン・シンバラはこの問題について多様な要素をこうまとめている。

「『調節できる核兵器』という夢は、『核を使わない』か『あらゆる核を使う』かしかないというこれまでの選択肢を失ってしまうのと同じくらい危険だ。どちらの側にも、核兵器の使用は量的なエスカレーションではなく、質的なエスカレーションだと受けとれるにちがいない。実際、法律的、道徳的観点からすれば、核兵器の使用は毒ガスの使用のようなものだろう。毒ガス使用は、はっきりしたしきいの境界線であり、それを越えてしまうと紛争において戦闘員を規制するものはほとんどなくなる。倫理的な思想家たちは、ナガサキ以来はじめて、怒りにまかせて核のしきいを超えるという考えが象徴しているものは、それそのものが、正義の戦争という伝統に違反するのではないか、と論争したい欲求にかられるであろう。」（下線は引用者）

レーガン大統領の国家安全保障担当補佐官であった米国のコリン・パウエル将軍もまた、次のように述べている。

「これら核弾頭の爆発力がいかに小さくとも、我々はしきいを超えることになるだろう。この時点で、核を使用することは、ヒロシマ以来の最も重大な政治的、軍事的決断となるだろう。ロシアは必ず報復し、おそらくエスカレートさせるだろう。その瞬間に、世界の心臓の鼓動は乱れる。その日以来、私はこれらの小型核兵器の実用性を考え直しはじめた。」(『兵士のやり方』1995年)

❖拡大抑止は不安を吸いよせる「避雷針」

拡大抑止の戦略を展開するとき、いわゆる「核の傘」を提供する国が自国の安全保障が直接に脅かされているわけではないのに、核のしきいを超えさせられる危険があるというジレンマに陥る。「核の傘」は、避難所を提供するどころか、ほぼ確実に全面核戦争への急速で制御のきかないエスカレーションにつながるという点で、不安を吸いよせる「避雷針」となる。

スティーブン・シンバラの拡大抑止に対する批判はとりわけ決定的である。

「かつて、ヘンリー・キッシンジャーはブリュッセルで不適切な演説を行った。つまり、米国は、(ヨーロッパでの通常戦争を抑止するために核による威嚇をするという) そのつもりのない、あるいは、つもりがあっても実行できないような、威嚇を行うべきでない。なぜなら、もし米国が威嚇を実行に移せば、文明を破壊する危険があるのだから、と述べたのである。キッシンジャーがこれを役職についていないときに述べたということが、この演説での唯一の救いであった。それでもこれは、ヨーロッパに対する再保証とソビエト連邦への抑止の観点からすると、考えられる限りのあらゆる罪を犯している。」

これは、キッシンジャー自身、拡大抑止の危険性を認識していたことを示している。

❖エスカレーションは避けられない

戦略以下の核抑止も拡大核抑止も、巨大な危険を伴う。マウントバトン卿は次のように表現した。

「私は心底から繰り返す。一人の軍人として、私はいかなる核兵器のいかなる使用も、最後にはエスカレートして、誰にも想像できないような結果をもたらすと考える。」

1982年に、マクジョージ・バンディ、ジョージ・ケナン、ロバート・マクナマラ、ジェラルド・スミスは、強い危機感をもって、共同文書を出した。

「また、もっとも小規模なものも含めて、どのような核兵器の使用であっても、限定的範囲に確実にとどまると期待できることを信じるに足るような、説得力のある理由を提示することに成功したものは、かつて一人もいない。」

その第一の理由は、エスカレーションの制御にかかわる問題が、核爆発の物理的効果に関連しているからである。核戦争の最中に軍事活動を管理することは、不可能とまでは言わなくとも、非常に困難であろう。それはこの活動を制御するシステムが、もろくて、重大な途絶や機能低下を起こしやすいからである。たとえ命令系統の決定的部分が攻撃されなくても、それは核爆発の電磁パルス効果でひき起こされる環境異変の影響を受けてしまう。

❖生物・化学兵器攻撃に対する核抑止

1996年、米上院の外交委員会の生物・化学兵器に関する公聴会でウィリアム・ペリー国防長官は、ペンタゴンがリビアのタルフナの地下化学兵器工場と主張する施設に対して、新式の地中貫通核兵器を使用することが望ましいと述べた。発表は後に取り消されたが、これでNATOの核保有国が世界のどこにせよ、彼らの「致命的な利益」への生物・化学兵器による攻撃を抑止するために、核兵器の使用を考慮していることが確認された。

これを正当化する理由は、とくに地下の場合、核兵器だけがそのような標的を破壊する爆発力をもっており、また核兵器の超高温が細菌戦用物質を燃焼してしまうだろう、というものであった。このような対処の仕方は、軍事的に無力な状態をつくりだし、次の理由で極度に危険である。

- 核爆発は大量の放射性降下物を生み出し、撒き散らす。
- 爆発で破壊されなかった化学剤や生物学的毒素は、拡散して大惨事を起こす可能性がある。
- 生物・化学兵器を持つ国はどこでも、それらの兵器を一ヵ所に貯蔵するとは考えられない。したがって、全部を破壊するためには数個の核兵器が必要となり、市民の犠牲と環境の破壊も大きくなる。
- 生物・化学兵器の保有や使用を抑止するどころか、核兵器使用の威嚇をするだけで、その国が持っている大量破壊兵器を使うことに対する政治的・軍事的正当性を与えてしまう。

1998年2月の米国とイラクの対立の時に、イラクが地下に持っている疑いのあった生物・化学兵器製造兼貯蔵施設に対する核兵器使用の可能性に対して、世界中から非難の声があがった。バトラー将軍は、湾岸戦争の時にはコリン・パウエル将軍に核兵器使用を断念するよう説得をするのに貢献があったが、今回も次のような矢継ぎ早の質問をぶっつけて反対した。

> 核兵器による報復こそが、大量破壊兵器による冷戦後の脅威に対する、正当で的確な対応であるという根強い信念ほど、核抑止に対する誤った信仰を明確に物語っているものが他にあるだろうか？　我々自身が当然にも憎悪し非難する、まさにその手段に頼ることが、何を根拠に正当化できるだろうか？
>
> 50年以上も保持してきた不使用の先例を破る行為に我々が加わるなどと、だれが想像できるだろうか？　核拡散に反対する運動のリーダーとしての、かけがえのない米国の役割が、どうして再び支持を得ることができるだろうか？　何を標的にすれば、このような報復が是認されるというのだろうか？　たった一人の常軌を逸した指導者の決定に対して、社会全体に責任を負わせようとするのだろうか？
>
> 政治的、道徳的結果は言うまでもなく、核爆発の物理的影響をどうやって閉じこめることができるのだろう？　たった１つの行為によって、我々は敵を殉教者にし、友人を敵に回し、核保有疑惑国に安心を与え、密かに核兵器を開発している国に弾みを与えるだろう。

これに対する米国の公式の反応は、「我々は、大量破壊兵器の使用や威嚇に対して、非核の対応をするのに非常な努力を重ねてきた」

というものであった。これは米国が1997年11月の極秘の新大統領決定命令60から後退していることを示唆していた。第３章で述べたように、大統領決定命令60は、非核保有国が米国の致命的利益を生物・化学兵器によって攻撃したとき、戦術核兵器の使用を考慮することを述べている。

ブルッキングス研究所のスティーブン・シュワルツは警告した。

「合衆国は、核兵器使用の威嚇が、戦争の手段としてはもちろんのこと、許容される外交手段であるというメッセージを国際社会に伝えたいとほんとうに願っているのだろうか？　このような姿勢は、非生産的であり、不必要なものである。それは、核兵器を有用だと思う他の国の者たちに安心感を与えるだけではなく、核による威嚇を米国の核官僚システムの維持と高レベルの財政を正当化するために利用している核官僚に安心を与えるだけである。それはまた、湾岸戦争のときがそうであったように、同盟国と協同して動く米国が、侵略に対処するのに極めて強力で、正確かつ効果的な通常兵器の手段を持っているという事実を隠すのに役立っている。」

❖核抑止は両面交通の道路である

リー・バトラー将軍は、この問題について説明するのに最高の適任者である。

> 冷戦体制における抑止は、被害妄想の敵という異常なレンズを通して西側の理性を投射した点において、人間の心理のもっとも基本的なレベルで、致命的な欠陥をもっていた。
>
> 我々が支持している抑止戦略は、敵について完璧に近い理解を必要としている。ところが我々が、その敵から深く疎外され、遠

く孤立していたとすれば、どうだろうか？　実質的な人間関係が何もないのに、我々はどうやって、ソビエトの指導者たちの動機や意図を理解していると主張することができたのだろうか？　なぜ我々は、引き続く侵略と心も凍る損失を生き延びた国が、核戦争の恐怖を前提とした戦略に応じてくると考えたのだろうか？　動機も意図も、たえず読み違えられていたことに、ほとんどなんの不思議もないのである。

我々が、核戦争は信頼性を持って抑止できるという考えにとらわれていたあいだに、ソビエトの指導者たちは、核戦争が彼らの身にひき起こされるかもしれない、そして、もしそうなら、負けてはならないと信じるようになった。不安にかられた彼らは、勝算や損失にお構いなく、戦って生き残るためにヘラクレスのような困難な手段に挑んだ。

もっとも可能性の高い脅威を推定するために、軍の諜報部の訓練で、私はいつも、自分の軍隊が計画した行動や公表した意図を敵の観点から調べてみることを教わった。「もし自分が、この行為を受ける側にいたらどう反応するだろうか？」という質問に答えるのである。

たとえば、1945年以降の米国とソビエトの立場を置きかえてみると、どうなるか。つまり、もし米国でなくソビエトが、警告もなく、1945年に日本に２個の原爆を落としたとする。その時の米国全土につのってゆく被害妄想を想像してみよう。ナチスとの戦いで2000万以上の生命を失って足元がぐらついていたアメリカは、１個の原爆を作るのに4年はかかっただろう。その頃にはソビエト連邦が進出して日本を侵略し、米国を新しい敵と宣言していただろう。さらにカナダ、メキシコ、カリブ海に一連の空軍基地を置いて、ワシントンと主な人口集中地域を爆撃機の行動圏内に入れただろう……。このように鏡に映したシナリオを念頭において、1962年のキューバ・ミサイル危機を眺めてみると参考になる。

ここに、キューバ危機直前の米ソ関係における一般抑止の役割を検証した、レバウとシュタインの見解がある。

「我々は、抑止は防止するものというより、挑発するものとして働いたと結論づけた。ソビエトの官僚たちは、アメリカ側の戦略核の増強、トルコへのミサイル配備、戦略上の優位の主張などは、彼らの不安感をつのらせた、と証言した。ケネディー大統領はこれらの行動全てを、ソビエトの脅威に対する慎重な防衛手段とみなしていた。とくにベルリンではそうであった。これらの行為は、フルシチョフを抑制させるのではなく、アメリカの軍事的、政治的挑戦からソビエト連邦やキューバを守るためには、もっと何かをしなければならないとフルシチョフに確信させた。彼らのいう防衛行動によって、両超大国の指導者たちは決定的な対立の怖れを現実のものにしてしまった。……アメリカ側は、1つには、彼らが他人の感情を自分のものとして理解することができなかったので、フルシチョフの行動を防衛的なものとする解釈を拒絶したのである。アメリカは自らの戦略政策やカリブ政策がモスクワでひき起こしている脅威の感覚を理解しなかった。」(『我々はすべて冷戦に敗れた』1994年)

米国の核兵器推進派の報告でさえ、こう警告している。

「抑止には何が必要か、また、抑止がどの程度有効かは、抑止をしようとしている相手とその状況の文脈によって決まるだろう。合衆国にとって信頼できる抑止力に見える威嚇や行動でも、異なる価値体系のために他者にとっては抑止にならないかもしれない。」（国防大学／ローレンス国立研究所、1998年）

❖核抑止は妄想症体制に有効か？

ここからさらに進んで同じ報告書は、もっともありそうな核抑止の標的、つまり被害妄想症の政治体制や過激主義者にかかわる根本的な難問をとり出して説明している。

「一般的な意味で理性的で分別のある敵を前提とした抑止は、数十年先には適切ではないだろう。指導者、意思決定の過程、危機の許容度、脅威感覚、目標、価値観、決意、そして単純に個人特有の行動の可能性などの違いによって、どんな抑止の一般公式もその信頼性に限界がある。抑止政策の有効性と信頼性には、諜報活動による詳細な情報の入手が不可欠である。このような情報なしには、特定の敵の、特定の行動をどのように抑止するかについて、情報に基づく勧告を与える際に、ほとんど信頼できる裏づけが得られない。」

1993年に英国防長官は、次のような考え方を表明した。

「確立した抑止関係が存在していない場合、威嚇が、もともと意図したような意味の抑止として理解されるだろうか？　また、何らかの予想外の、おそらくは不都合な結果を生むことがありうるのだろうか？　これらの質問に断定的な答えを出すのは難しいかもしれない。しかし、それなしでは、政策や行動の基礎としての抑止のための威嚇の有用性に疑問が残るのは必然であろう……。核拡散を意図している者たちに対して、抑止が確実に働いていることを確認することは困難である。」（下線は引用者）

湾岸戦争でイラクは抑止されたか？　1991年の湾岸戦争中にイラクが生物・化学兵器を使わなかったので、米政府関係者は米国の核による威嚇の効果だと主張した。米国の世界法廷裁判官シュウェーベルも反対意見表明の中でそう述べた。彼らは、イラクのタリク・アジズ副首相が1995年8月に述べた、イラクは核攻撃を恐れた結果、化学兵器を使わなかったという発言を引き合いに出した。

この主張には疑問をもつ理由がある。当時イラクにいた国連特別代表部のロルフ・エケウス委員長は、それが彼らにとって決定的な要因ではなかったと確信している、とアジズ発言の6カ月後に述べた。むしろ、イラクは米国の核の恫喝の犠牲者であったと主張することよって、国連の制裁を終わらせようとしてとったイラクの思惑が、そこにはあった。同盟国の空爆作戦が始まる少し前に、イラクが西イラクにある空軍基地に生物兵器を配備したことを、エケウスは知っていた。しかし、イラクは戦争の進行速度とどう猛さを甘く見ていた。空爆による破壊は広範囲にわたり、とくに指揮・管制システムがひどくやられた。おそらくそれが、イラクが成功の見通しをもって生物兵器による攻撃を開始することを阻止したのだろう。さらに、防護装備の粗末なイラク陸軍の方が生物・化学剤の風下になるという天候上の悪条件があったことが、ほぼ間違いなく大きな要因であった。

もう１点、再度指摘しておきたいことは、リー・バトラーとコリン・パウエルという２人の将軍が、核計画の総司令官として、核兵器のいかなる戦時使用も除外すると公けに確認していたことである。パウエルの自伝からの抜粋をあげる。

｜　「核は頭から除けよう」と私は言った。「あの魔物は放さないことになっていた」「もちろんだ」チェイニー（国防長官）が言った。「だが念のため見ておこう。ちょっと見てみたいんだ。」

私はトム・ケリーに命じて、（リー・バトラー将軍を含む）一握りの人たちを建物の一番安全な小部屋に集め、核攻撃の選択肢を検討させた。結果は私をろうばいさせた。砂漠に散らばった、たった一個師団に重大な損害を与えるためにも、かなりの数の小型戦術核兵器が必要と思われた。私はチェイニーにその分析を見せた後、それを破棄させた。もし私がそれ以前に戦場における核の実用性について疑問をもっていたとすれば、この報告が、それに決着をつけた。（『兵士のやり方』1995年）

ソビエトによる1948年のベルリン封鎖までさかのぼって、知られているいくつかの核使用の威嚇の例において、米国は一度も核使用を実行しなかった。この実績に照らしてみると、イラクの場合は、将来同じようなシナリオで核兵器の使用の威嚇が米国によって行われても、それは信頼性に欠ける、ということを意味する。

❖テロリストは核兵器で抑止できない

核を使った恫喝は、誇大妄想とテロリズムの究極の形である。核装置がテロリストを惹きつける理由はそこにある。キッシンジャーが言ったように、「自滅を決意している敵を抑止できるものは何もない」。

テロリストのグループを抑止するには、国を抑止するときにはない特有の問題がある。彼らは自分たち自身で、非常に小規模に行動する。場合によっては国のエージェントとして動くが、その場合は、より大きく、より複雑な威嚇を行ってくる可能性がある。多くの場合、テロリストは理解されない価値体系のもとで行動するだろう。標的にされた国には、テロ攻撃の出所がわからず、したがって報復のための威嚇の対象となる「拠点」さえないかもしれない。

スティーブン・シュワルツが言うように、核や生物・化学兵器によるテロ攻撃に核で対応することは、ほとんど実行不可能だろう。現在米国が配備している最低の威力の核兵器――0.3キロトン、つまりTNT火薬で300トン――でも、核兵器はもっとも大きな通常爆弾の何百倍もの威力がある。したがって、核はテロへの報復のために狙いを定めた道具として個別に使うにはあまりにも無差別的である。ゆえにそれを行うという威嚇には、信頼性がない。

❖核抑止は安全保障を損なう

ジョージ・ケナンは書いている。

「核兵器は自殺的な装置であると認識されている。だれであれ、使用を企てる者には、大災害以外の何物ももたらさない。攻撃目的にも防衛目的にも役立たない。それが保有されているかぎり、保有量に比例して、我々全員に対する脅威となる。他の者の安全を損なうとする行為によって増強される安全など、なにもない。相手側の保障が、実は自分の安全保障なのである。したがって、軍事力の優位を争うことは目的にとって役に立たない。それはただ『自分の尻尾を追いかける』手段でしかない。」（下線は引用者）

ジョナサン・シェルはもっと厳しい。

「核保有国は、人間の生存よりも、国家の主権により高い価値を与える……。」

核抑止は、それに頼る側においても、それが向けられる側においても、直接に安全保障を脅かす。実際は核兵器は安全保障の問題点であって、解答ではない。なぜならば、核兵器は、もっともありそうで危険な脅威、つまり抑止不可能な過激主義者への核拡散を誘発することによって、核の所有者の安全保障を損うからである。

インドとパキスタンの核武装の決定は、ケン・ブースとニコラス・ウィーラーの1992年の予見が正しいことを証明した。彼らは「核兵器はその本性として、大量破壊のための攻撃用装置であり、安全保障のジレンマを深刻にし、肥らせて、ゆっくりと数多くの国に拡散することになるであろう」と予言していた。

❖核抑止は不安定をつくりだす

失敗を運命づけられたもう１つの試みは、「安定した核抑止」の追求である。本当は、この表現は言葉として矛盾しているが、核擁護派のあいだであまりにも一般的に使われているので、少し詳しくその正体を暴露する必要があるだろう。核抑止に起因する不安定性には２つの型がある。

（１）軍備競争による不安定

1950年代までに、理論家たちは核抑止が根本的に不安定であることに気づいていた。その不安定さは、両方の側が互いに相手を数回以上も破壊する能力を保有した後も、戦略兵器競争が長くつづくということに現れていた。またこの不安定は、心理的、政治的要因が生み出すものだということが明らかになった。これらの要因は、兵器開発計画の性格と時期の不均衡によってより悪化した。

1980年初期の米国の保有核弾頭数を表す25000個のミニチュア・ノーズコーン。全核兵器国の保有核弾頭数は現在約30000個と推定される。バーバラ・ドナチー作：琥珀色の穀物の波。（写真：ロバート・デル・トレヂチ）

（2）危機における不安定

キューバのミサイル危機は、抑止戦略が危機における不安定性の主要な原因だということを明らかにした。抑止戦略は、重大な危機のときに、相手側の先制行為をくじくために、両陣営とも早い段階で高度の警戒態勢をとらせることになる。これが偶発的核戦争の危険を増大させる。

リー・バトラー将軍は述べている。

「戦力の規模と構成の合理的な制限枠を設定する指針としては、抑止論は完全に落第であった。抑止の貪欲さは飽くことを知らず、新兵器や膨大な備蓄についても満足するということがなかった。私は軍備競争を内側から見てきた。大陸間弾道ミサイルが相互確証破壊の前ぶれとなり、多弾頭ミサイルが核の第一攻撃の真の恐怖を生み出すのを凝視してきた。私は12,000以上の標的を設定した核戦争計画の責任者であった。それらの標的の多くは、くり返し核攻撃を受けるはずであった。」

現在、この２つの型の不安定さは、インド、パキスタン、中国の関係に典型的にあらわれている。パキスタンは、インドの通常兵力にくらべると、はるかに不利な立場にある。しかしこの不均衡は、インドの「最小限」抑止を開発しているという主張に何ら影響を及ぼさない。それは、インドの言う最小限は、パキスタンではなく、中国と比較してのことだからである。もし米国が、日本、あるいは台湾、あるいはその双方と戦域ミサイル防衛システムを共同開発することに固執すれば、中国はそれに対抗するために核軍拡に駆りたてられるだろう。必然的に、インドの「最小限」は常にパキスタンを上回ることになる。

パキスタンは生き残りのための第二撃能力を持つまでは（経済的に可能ならのことだが)、インドが「首をはねる」ような攻撃をしかける能力を前にして、「使わなければ失う」という状況に立たされるだろう。そのうち、もしインドが、空、地、そしてとりわけ中国の主要な標的にとどく不死身の潜水艦発射の核兵器という、公表された三本柱の建設計画に成功すれば、中国はパキスタンとの核に関するより緊密な関係づくりを当然に始めるだろう。

これらの動きは、南アジアの厳しい政治的緊張のただ中での核軍備競争を意味する。緊張は、カシミール危機が引き金となる偶発的衝突や紛争の可能性の高まりをともなっている。これは、核抑止の神話が主役を演じている、不安定性の深まりを意味する。

❖警報即発射

1999年3月、リー・バトラー空軍大将は言った。

「我々は今日、合衆国の核兵器政策はいまなおロナルド・レーガンが導入した1984年のままであるという、ほとんど信じられないような状況のなかにいる。一触即発態勢をとっている我々の軍隊は、冷戦のさなかからずっと、実質的に変わっていない。」

相互確証破壊と第一使用（先制使用）の選択を保持することでもたらされる1つの危険な結果は、米国とロシアがいまだに戦略核戦力の「警報即発射」の政策をとっていることである。両方の側が、それぞれ2,000発以上の核兵器を一斉発射するという形で、均衡をとりあっている。大量報復のため、相手の攻撃を察知した後、しかも向かってくる弾頭が着弾する（近くの潜水艦から発射すれば15分もかかからないだろう）前に、海中に何千という弾頭が安全に配備されているにもかかわらず、ミサイル・サイロと、ワシントンの政治、軍事指導部を含めた指揮系統が破壊されることを懸念して、米国はこの早撃ちの構えに固執している。

一方、ロシアははるかに攻撃に弱いと感じている。というのは、財政難の中で、どの時間をとってみても、現在はたった2隻の潜水艦しかパトロールに出ていないからである。そのうえ、ソビエト連邦の崩壊と技術的問題によって、ロシアの早期警戒システムの動作が悪化している――ソ連邦の解体によりロシアのシステムを形成するレーダー8基のうち5基は、現在ロシア国外にある。

1994年の相互の照準外しの協定は問題の緩和には役立ったが、

軍事的意味はほとんどなかった。ミサイル指揮官は数秒で誘導コンピューターに標的調整を再入力することができる。プログラムされてないロシアのミサイルは、自動的にもとの戦時標的に設定がもどるものと思われる。さらに、米国でもロシアでも、いったん発射されたミサイルは自爆させることはできない。おそらくこれは保有国に放射性降下物の被害がもたらされる危険性があるためであろう。

核兵器の偶発的発射は、行動を選択するための時間がきわめて短いので、対応に混乱が残るという問題もある。1995年の1月25日、人類は偶発的な核兵器の使用の瀬戸際までいった。ロシア軍が、ロシアに向かっていると思われる未確認弾道ミサイルをノルウェー上空に発見したのである。

大統領が持ち運んでいるロシアの「核のブリーフケース」が、エリツィンが待機するなか、はじめて起動された。ロシアの弾道ミサイル潜水艦には発射位置につくよう命令が出された。惨事はわずか数分のところで回避された。ミサイルは北極光の観測のため北極上空へ向かって飛んでいったので、無害と判断された。ミサイルの所属と研究目的は、ロシアの早期警戒システムにとどいていなかったのである。

❖核抑止は拡散を誘発する

核抑止が拡散を誘発するという批判を、もっとも劇的に証明しているのが、最近のインドとパキスタンである。ここでは、英国は、そのふるまいが強い影響力を持つ旧植民地宗主国として、重い責任を持つ。

また、核兵器は安全保障のためには必要不可欠とするNATOのこだわりも、インドを核武装に踏み切らせた動機として無視することはできない。NATOの非核保有国の指導的立場にあるカナダの外務大臣は、このような見解を述べている。

「NATOの核戦力の政治的価値について、拡散主義者が自分たちの核計画を正当化のために使えるような理論を提供することがないように、我々は慎重でなければならない。」

リー・バトラー将軍は次のように言う。

> 核拡散に関して中心となる問題点は、我々が今まで防止のために心血を注いできた、まさにその悪夢を呼び寄せる危機である。第一使用政策や高度の警戒態勢は、我々自らの利益、核不拡散条約の目的、さらに朝鮮半島からインドシナ、ペルシャ湾に至る戦争において、米国大統領が核兵器の使用を明確に拒否してきた事実と、明らかに矛盾する……。
>
> インドとパキスタンは、仮面をふり捨て、未熟な兵器を振り回し、核クラブの設立委員たちがあれだけ熱心にもてはやしたものと全く同じ安全保障を身にまとったと宣言して、自らを核の表舞台に立たせた。……自分自身の仕掛けた核兵器政策のわなにかかったアメリカの大統領が、どれほど抗議をしても無駄なことは、火を見るよりも明らかである。

❖核抑止は民主主義を脅かす

民主主義は、大多数の民衆の意思に対して責任ある行動をとる指導者たちが、政治的、軍事的権力を責任をもって行使することによって成り立っている。もし民主主義国家が、自国を守るために国が認める武力を行使せざるをえないとしても、その指導者たちは国際社会で認められた道徳的、法的限界の範囲内に留まらなければならない。

ところが核抑止とは、道徳や法律の制限を受けない、およそ考えられる限りもっとも無差別的な暴力の脅しをかけることである。したがって、核抑止ははなはだしく無責任な政策であり、民主主義的価値のアンチ・テーゼである。

さらに、核抑止政策を行使する国の民主主義は、技術、装備、人員についての秘密主義の厳しい管理の必要性によって、必然的に蝕まれる。例えば、英国の核兵器の歴史をみると、重要な決断はみな、内閣の承認はもとより、閣僚全員に知らされることもなく行われた。

国際法律家のフランシス・ボイルは、米国での経験を語っている。

「米国の核兵器組織において、意味のある民主主義的な説明責任が、いかなる形であれ適用されたことは一度もない。アメリカの民衆は、個人としても全体としても、議会が白紙委任の投票行為をする以上には、核兵器システムの開発に重要な参加をしたことが一度もない。核兵器システムの存在そのものと、そのために必要とされる極度の機密性が、我々の政府の体制が、ひそかに反民主主義でなければならないことを要求している。……アメリカは、核兵器の存在について説明し、それを受け入れるために、必要に迫られて、民主的価値、法的エートス、そして憲法慣習といった全体系をひっくり返し、曲解しなければならなかった。」

❖存在論的核抑止とあいまい性

先に引用したように、セイモア・ハーシュの主張するところによれば、1991年の湾岸戦争のとき、イラクのスカッド・ミサイル攻撃に対して、もしそれが生物・化学兵器を搭載していたならば、イスラエルは、報復として核兵器を使用するかもしれないと、米国を脅した。イスラエルの核政策——これもこの国の民主主義制度の悪用について深刻な問題を提起している——は、一種の存在論的抑止とあいまい性とを結合させたものである。これが今、問題になっている。

2000年2月2日、イスラエル議会での初の核政策論争でクネセット（イスラエル国会）議員のイーサム・マフウールは言った。

> 核のあいまい性は自己欺瞞にすぎません。そしてそれはずっと前に効力を失っています。いま全世界は、イスラエルが大量の核と生物・化学兵器の備蓄を持ち、中東の核軍拡競争の中心になっていることを知っています。イスラエルでは「イラン、イラクの脅威」とよく言われますが、一方、実は中東に最初に核を持ちこみ、この地域の他の国が核兵器を保有することの正当性を生み出したのがイスラエルであった事実は、無視されています。
>
> イスラエルの核政策の基盤となっているこのあいまい性と抑止が、余計なものになったことを物語る明白な証拠が一つあります。それは、イスラエルが複数のドイツの潜水艦を購入したことです。潜水艦は最近イスラエルに来ましたが、報道では核ミサイルを装備するということです。潜水艦の目的は、深海を巡航してイスラエルが核攻撃を受けたときに「第二撃力」を構成することです。これは、イスラエルの所有する何百という核ミサイルが防衛力とならないということだけでなく、実際にはそれが軍部に早期の核攻撃を怖れさせる原因となったのです。このことが連鎖的な非通

常兵器の軍備競争のエスカレーションをひき起こし、数十億ドルもの費用を必要とさせているのです。

こんにち、いわゆるあいまい性は、イスラエルの市民だけにたいして使われています。私たちは核のボタンに手をかけている人について何も知りません。指揮系統がどうなっているのか、もし核のバルーク・ゴールドシュタイン（ラビン首相の暗殺者）がこのシステムに潜入し、どこかのラビから宗教的な命を受けて核のハルマゲドンを起こしたとき、私たちはどうなるのか、私たちは何も知りません。政府が命にかかわる問題についての真実を隠しているからです。イスラエル市民は、自分たちの政府の民主的な批判者として活動することができないでいます。

議長、イスラエルの市民と私たちの隣人にとって、危険は核戦争の場合にだけ存在するのではありません。戦争がなくても、自分たちの戸口に作った核という火山の噴火の危険に、私たちは常に直面しているのです。

❖まとめ

以上のような理由で、核抑止は実用的な安全保障政策ではない。ジョン・ベイリスが、１つの概観を提供している。

「冷戦の早い時期に、限られた証拠にもとづいて到達した判断は理解できる。しかし今、私たちの手元には50年にわたる知恵の集積がある。そして、すでに、かなりの量の学際的な分析があり、核抑止戦略とその基礎となる仮説のために行われた主張に対して、経験的かつ理論的根拠による異議申立てが行われている。今や抑止論のドグマは、知的にも道徳的にも間違っていたことは、歴史的に明白である。」

核抑止の究極の皮肉は、抑止論の支持者が抑止によって生まれると主張する政治的安定の多くが、抑止によって崩される姿であろう。抑止戦略を特徴づける軍備増強、脅迫的な軍隊の配備、そして挑戦的な言辞が戦争に対する奥深い相互の恐怖を見えにくくした。そしてこの無謀な行為は、自滅的であり、まさに抑止が防止するはずであった反応そのものを誘発した。

次の観察は、英国に関するものであるが、全ての民主主義的核兵器国に当てはめることができる。

「有権者と指導者たちは、あまりにもやすやすとこれらの主張を受け入れた。そして、核抑止の概念が知的な安定剤のような役割を果たし、ますます複雑化した論理がまちがった確かさのような感覚を生み出し、前提となる仮説に挑戦しようとする努力を妨げた。そこに現れてくるドグマが、西欧的な思考に固い枠をはめ、我々の世界観が、新しい情報やより適切な後知恵によって進化してゆくことを妨げた。」

米国の同盟国の政府は威圧され、核抑止に無批判の忠誠をつくすことを強いられているので、彼らに対するジョン・ベイリスの次の訴えは、とくに注目に値する。

「超大国が我々の背後で対決しているなかで、過去50年の偉業は戦争を回避したことであると、西側指導者たちが認識する（感謝とまではゆかないが）ときが確かにきた。東西関係の全側面において、抑止論が事態を悪くする効果を生んでいたにもかかわらず、である。」

諸問題にまたがる最後の所見として、この問題に対する最も深い考えの持ち主であるリバウとシュタインを引用する。

超大国は抑止に「過剰投薬」をした。それは、彼らの関係を害したが、指導者たちはその結果に気づかなかった。むしろ彼らは、あとに続いた緊張と危機を、さらに多くの抑止が必要だという証拠だと理解した。ふり返ってみれば、たぶん両方とも、核兵器など何もなかったほうがより安全だったであろう。核兵器は、まったくどこにも真の安全保障の恩恵を与えなかったようだ。中東においても、インド亜大陸おいても、そして政権の交代が核開発を終わらせるまでのアルゼンチンとブラジル二カ国おいても、核兵器開発の試みにしろ、実際の開発にしろ、相手側に大量破壊兵器を開発させる触媒の役割を果たした。

超大国のこの経験は、これらの国の指導者たちや、核兵器開発の可能性を模索している国々の指導者たちに対する、戒めの物語になるべきである。

第5章
道徳性

これは何よりも道徳の問題です。そこで私はみなさんにもう一度——私が英雄と思う人物——オマール・ブラッドリー将軍の言葉を引用します。将軍は第二次大戦の中心的な人物で、広島と長崎の惨禍を目撃した方ですが、退官されるときにこう言いました。

「私たちは核の巨人と倫理的な赤ん坊の時代に、知恵のない知識と良心のない権力を完成させた世界に生きています。私たちは原子の神秘を解き明かし、山上の垂訓を忘れ去りました。私たちは平和より戦争について、生きることより死ぬことについて、より多くのことを知っているのです。」

リー・バトラー空軍大将

❖根本的な道徳的欺瞞

核抑止は根本的な道徳的欺瞞を伴っている。核保有国の政府は、自らがもっとも道義性が高いと主張する目的を達成するために、考えられる限りもっとも非道徳的な手段を使う。ロバート・ジャービスは、「核兵器は、かつて国際政治が特徴とした用いるべき手段と追求すべき目的の均衡という考えを終わらせた」と書いた。

第二次大戦が終わったとき、米国とソビエトのライバル関係の当面の焦点は、利益や野心の憂慮すべき衝突であった。しかし、冷戦の心理状態がこの対立を道徳劇に変えたのである。文明の全てを破壊するかも知れないと恐れさせることにより、自分たちを救おうとすることの道徳性と理性を信じる人間たちが、「正義の抑止」を創り出した。

核抑止のドグマの宿命的な欠陥は、敵対と不信を生むことである。核抑止のドグマは、真の安全保障を推進するための協力を妨害することによって、自己永続化しようとする。こうしてもう１つの層の欺瞞が上塗りされ、非道徳が深化する。

リチャード・フォークは、「核兵器とその戦略は、考えられるなかで最大規模のテロリストの理論を体現している」と主張して譲らない。スティーブン・リーもこれに同意する。

「一人のテロリストは飛行機一機の人間を数日人質に取るかもしれないが、核抑止は人類社会全体を無限の未来にわたって人質にする。アンソニー・ケニーは『私たちの仮想敵に抑止として十分働くためには、どんな威嚇も、もしそれを実行すれば非道徳的であるような威嚇でなければならない。これが実際ではないだろうか？』と問うている。答えはイエスである。」（下線は引用者）

リー・バトラー空軍大将もこう言った。

「私たちは、冷戦期の核抑止という極端な戒律にこだわることで、人間性のもとである生命への尊敬の念をすり減らし、また道徳的感性を削ってきた。そうやって、私たちは戦争の暴力と罪のない人々の苦しみを、だんだんと積極的に受け入れるようになった。」

❖核抑止が失敗したら

すでに述べたように、核兵器は「兵器」などではない。それは生物・化学兵器の恐ろしい毒性に放射能特有の世代を超えた影響を加えたものに、さらにその上に想像を絶する爆発力を結合させた装置である。さらに、1980年代初めに出た数件の報告は、核戦争が「核の冬」の引き金になるだろうという点で一致した。この考えは米国とソビエトでも受け入れられた。その1つで、数種のコンピューター・モデルに基づいた報告の共著者、カール・セーガンは書いている。

「私たちは、たった100メガトン、つまり世界の保有核兵器の1%以下の核弾頭が、それも都市上空で低威力の爆発をするような戦争を想定した。その結果、このシナリオが何千もの火事をひきおこし、その火事から出る煙だけでも、5000メガトンの場合とほぼ同じほど深刻な、寒く、暗い時代をつくりだすのに十分だということがわかった。これらの計算が明らかにする核の冬を考察するとき、多くの生物学者は、それが地球の生命にとって深刻な意味をもつことを確信した。私たちの地球の文明が破壊されることにほとんど疑いの余地はない。」(下線は引用者)

1985年には、ペンタゴンでさえこの論理の正しさをみとめた。しかしそれに対する反応は、米国のリチャード・パール国防次官補がその1年前に議会証言で述べた内容と同じものであった。

「核の冬を防止するもっとも現実的な方法は、核兵器を廃絶することではなく、確実にソビエトの攻撃が抑止されるように十分な量の兵器を作ることだ。」

❖ニュージーランドが核抑止の異端者に

しかし、ニュージーランド――現在のところ西側同盟国で唯一、国の安全保障としての核抑止を拒否した国——は、他の道をとった。当時のデイビット・ロンギ首相は、そのような異端者がどのような処遇を受けるかを身をもって体験した。

> アンザス（ANZUS。訳者注：オーストラリア、ニュージーランド、米国のあいだの安全保障条約）同盟国である資格は核抑止への信仰で試される。ニュージーランドの経験では、他には何もなかった。民主主義国家であることでは十分ではなく、NATOと米国に好意的であっても十分ではなかった。同盟にとどまるためには、抑止に与するしかなく、またそれを証明するために、危険もともにしなければならなかった。
>
> ニュージーランドが抑止を拒否するという明白な事実に直面して、わが国の外交官は、合衆国とその同盟国に、我々が西側の価値を棄てたわけではないことを証明するために絶えず奮闘した。……アンザスの同盟国であるために、抑止に宥和的にならなければならないことがあまりにも多く、そのために、我々の本当の利益を無視しなければならないことが多すぎた。同盟の一員であることによって、ニュージーランドに何一ついいことはなかった。それはにせものの金であった。（邦訳『非核—ニュージーランドの選択』平和文化、1992年）

1985年にオックスフォード大学で行われた米国の宗教的原理主義者ジェリー・ファルウェルとの有名な論争で、ロンギは言った。「道徳的な核兵器はない。その存在と使用の威嚇に対してできる最高の弁護は、せいぜいそれが必要悪であり、望ましい結果を生むための忌むべき手段だということである。しかし、私は主張したい。

核兵器は我々になによりも大きいこじつけ――実際は必要ではないのに、この悪が必要だという信仰に我々を導いてしまった。こうなるのが核兵器の性質なのだ。この奇妙で疑問にみちた道徳的目的こそが、全世界を人質にして身代金を要求しているのだ。」

ロンギは余裕をもって論争に勝った。彼はごく最近も、「いかなる国も、この惑星を破壊する可能性を持つような道徳的義務を負うべきではない」と書いている。

❖道徳的議論の要点

オックスフォード大学哲学科教授マイケル・ダメットは核抑止論に反対する道徳的議論をつぎのように要約している。

> 間違った行いを意図することは、明らかに間違いである。都市に核爆弾を落とすというような弁解の余地のない間違いについては、とくにそうである。だが、条件つきの意図はどうだろうか？
>
> この場合、こんな誘惑的な議論がある。
>
> 「いいかい、私がある状況で仮想敵に核爆弾を落とそうという意図を持ったとして、そのような意図の肝心なところは、実際に爆弾を落とすときと同じものではないのだよ。まったく違うのだ。要点は、私が爆弾を使うぞと脅さなければならないような状況が起こるのを防ぐことにあるんだ。だから、これは良い目的なんだ……。」
>
> このような考え方をする者は、悪い意図をもつことのどこが悪いかについて、誤解をしている。悪いのは、……（目的が何であるかにかかわらず）人が、意図された行為に対してその人の意志を向けていることにあるのである。

実際のところ、威嚇をせずに核兵器を持つのなら、持っている意味がない。核兵器を持つことは、抑止戦略をとっているときにだけ意味がある。そして抑止戦略は、その悪に満ちた行為を犯すという条件つきの意図を必要とする。このことから、この戦略はどんな政府も使ってはならないし、どんな市民もこれを支持してはならない。もし、どこかの政府が実際にこれを使い、市民がそれを支持すれば、彼らは、それ自体で悪をなしているのである。言い逃れはできない。もしこの政策が継続すれば、政府と私たちみんなが、非常に重大な共同責任を負うことになる。

❖神学か、悪魔学か

ケン・ブースは、「悪魔と戦うときは、戦う者の悪魔的行為は正当化されるように思える」と書いている。核抑止の「神学」という言葉がよく使われる。これは、本質的に悪であるドグマに権威を与える効果を生んでいる。つまり、オックスフォード辞典では神学の定義の一つは「神聖なものについての科学」と書いてあるからだ。であるなら、核抑止は「悪魔学」のほうに近いのである。

これは、さサいなことではない。抑止論の基本は威嚇によって生きることである。この姿勢は、すでに敵の烙印を押されている国に対して明らかにされる。「そちらがこちらに何かすれば、私たちはそれと同じでもっとひどいことを、そちらにする」と。威嚇や脅しによって生きようとするのは悪である。もちろん、法もこの見方をとる。もし隣人同士が、挑発があれば銃を使うという意図を宣言した掲示板を立てて、庭で弾をこめたショットガンを持って睨み合っていたとしたら、彼らは「平和の侵害にいたる可能性のある威嚇や脅しを行った」として、起訴されるであろう。治安判事は当然、銃を没収し、両方の側に、武器を持たずに平和を保つことを約束させるだろう。これを核兵器のアナロジーに置きかえれば、双方は、隣同士のみならず近隣全体を吹き飛ばし、何年も住めなくするほど大量の炭疽病菌を縛りつけた高性能爆薬を持っていたことになる。

どんな道徳的法典も、核抑止を正しいとするものはない。イエス・キリストは山上の垂訓で「目には目を、歯には歯を」ということばを批判し、かわりに「汝の敵を愛せよ」と説いた。さらにイエスは、意図することも威嚇することも、行うこと同様に悪であることを、はっきりと語っている。

核抑止の悪魔学たるゆえんは、はなはだしく悪い何かを、正しいと認めることができるかのように見せようと試みていることである。たとえば、イギリス初のポラリス弾道ミサイル潜水艦を就役させる宗教的儀式で、つぎのような祝祷がささげられたのは冒涜としかいいようがない。

「平和とともに世に進みなさい。善き勇気に満ち、善を堅くまもり、何人の悪にも悪を行わず、臆病者に力をあたえ、弱きをささえ、悩める者をたすけ、すべての人々をたたえ、主を愛し、主に仕え、聖霊の御力のお恵みと共に。」

最後のポラリス潜水艦が「リベンジ(報復)」号で、最新のトライデント潜水艦が「ベンジアンス(復讐)」号と命名されたのは、このようなはなはだしい英海軍の悪用を認めるための、皮肉であいまいな試みであったのだろうか？

❖奴隷制と核兵器

核抑止論の道徳性についての論争では、どちらの側もキリスト教的な見方の論陣を張る傾向がある。それは、擁護派の中心が米国とイギリスの体制組織の出身者であり、彼らには自分たちの主張のために、もっとも影響力をもつ宗教界の権威を、国の道徳観の専門的守護者として動員するという長い伝統をもっているからである。

歴史的にこれと似ているのが奴隷制である。奴隷制では、主なキリスト教界が弁護側だった。イギリスで1785年に廃止運動が始まったとき、奴隷制は今日の核兵器とほとんど同じように、主として北半球西側の少数の国とその同盟国の権力体制によって受け入れられていた。奴隷制国家の主要な３カ国は、現在NATOの核の三人組、米国、イギリス、フランスである。

核を擁護する原理主義者たちは、核兵器が「必要悪」であり、「費用対効果がよく」、「合法的」であり、いずれにせよ「代替案がない」と主張する。これらは、主要な教会が認めていた奴隷制支持者の主張であった。彼らは、奴隷制の「残虐性」でなく、意外なことにその「違法性」に焦点をあてた反対運動に敗北した。法律と世論が初めて人権問題に活用されたのである。これがイギリスの政治家——主な聖職者のほとんどが上院にいた——に対する圧力となって、彼らの富の土台を支えるものであったにもかかわらず、奴隷制度に反対票を投じさせたのである。

似ているのはこの点だけではない。あくことのない核兵器開発の歩みのなかで、西側の核保有３カ国は、核実験によって太平洋の先住民族の健康被害と環境破壊をひきおこし、新しい型の人種差別と植民地主義を押しつけた。また、平和のために役立てられたはずの巨大な資源が、議会の承認を得ないまま別の目的に投入されたのであった。

❖核抑止と「正義の戦争」論

マイケル・クウィンラン卿（イギリスの核抑止の指導的な擁護者。著名なジェスイット教徒で1988－92年の常任国防次官）は、自分の個人的な核兵器礼賛の倫理の出発点は、長年にわたってキリスト教の思想家たちが発展させてきた、「正義の戦争」論として知られる一群の概念と基準だと説明している。彼は他の宗教や価値体系をもつ人々も、ほぼ同じ概念を支持しているとつけ加えた。その教義は、戦争に訴える権利（jus ad bellum）と戦争における行為（戦争法規、jus in bello）に制限をつける原則を示している。

クウィンラン卿の理論は、これらの原則の上に、「他の者ならどうするだろうとか、後の歴史との関係（いかなる絶対的な非難も直面すべき試練である）と関係なく、抑止としての核兵器の保有を徹底的、無条件に非難することは、実践的な道徳の常識から明確にはずれるだろう」というものである。彼はまず、「こちらが耐えがたい損失をこうむる前に」敵が意思決定をし、後退を決意するよう作戦を立てることに道はしぼられるけれども、まだ「勝利」のチャンスはあると主張して、この考えを正当化する。エスカレーションは不可避ではないという彼の感じ方がこの背後にはある。

「釣り合い」と「区別」に関する、さらに困難な問題に対して、彼は1983年に米国のローマ・カトリック司教団が出版した「平和の挑戦」という重要な司教教書に載せた、自身の個人論説に言及している。彼の考えを要約すると、「正義の戦争の伝統的精神の範囲内で、極限状況――このようなときにだけ、抑止力の保有が正当化されている――で許容されるような最終制裁のための核攻撃計画を考案することは可能である。このような計画の中心となる思想は、侵略国が他国に対して悪の力でありつづける能力や性質を排除し、無力化するような損害を、国家としての侵略国に与えるということであろう。そのとき、罪もない市民にもたらされる被害は可能なかぎり少なくおさえられる（それでも多分、まだ恐ろしいほど深刻なものであろうが）。……このように組み立てられた仮説的、かつ機械的ではない行動は、全体としてこのような事態が実際に起こってしまう確率がきわめて少なくなるようめざす抑止力の保有や計画に対して、道徳的に正当化しうるような根拠を与えるであろう。このような行動は、復讐を求めるのではなく、戦後の状況を、戦わなければ支配的になったと思われる状況よりもよりよい状況にするという前提的な考えを伴ったものでなければならない」というものである。

❖米国パックス・クリスティ司教団の見解

1998年9月1日に、パックス・クリスティ・アメリカの92人のカトリック司教たちが、1983年の司教教書を再検討した「核抑止の道徳性一つの評価」という表題の声明を発表した。したがって、それはマイケル・クウィンラン卿への適切な回答となる。

彼らが第一に問題にしたのは、冷戦の終結以来、核抑止が制度化し、新しい仮想侵略者や核拡散の野心家、そしていわゆる「ならずもの国家」を含むように拡大されるとともに、世界のどこであれ致命的な国益をまもるという目的に拡大された点である。第二には、米国が無期限にその保有核兵器を維持しようとしていることが、明らかになってきた点がある。

したがって、「この道徳に挑戦する兵器」を廃絶するように核保有国に要求するにあたって、彼らは法王ヨハネ・パウロ二世の国連常任代表が1997年10月に発表した声明の次のような個所に光をあてた。

> 核兵器禁止条約に至る交渉を求めて行われたこの委員会の作業は、強化されなければならない。このような交渉に抵抗している核保有国は問題にされなければならない。なぜなら、時代遅れの核抑止の理論にこだわることで、彼らは、人類のもっとも熱い願望だけではなく、世界最高の法的権威の意見をも、否定しているからである。国際司法裁判所が支持する人道法ではなく、核兵器に代表される軍国主義によって世界が支配されるならば、人類の行く手にはこのうえなく重大な結果が待つであろう。
>
> 核兵器は私たちが21世紀に求める平和と相いれないものである。核兵器に正当性はない。核兵器は非難されるべきである。核不拡散条約の存続は、核兵器廃絶への明確な誓約を必要としている。
>
> これは道徳への挑戦、法に対する挑戦、そして政治的挑戦である。この多方面の挑戦には、私たちの人間性をもってあたらなければならない。

核兵器の保有が米国の安全保障に不可欠だと信じる人たちに対して、カトリック司教たちは次のように答えた。

> 私たちは、核兵器は国の安全保障に重要でないばかりでなく、実際には国の不安全の原因になっていると確信する。国際社会の

安全なしには、いかなる国の真の安全もありえない。私たちは「どんな形の暴力も、それはさらなる暴力を生むのですから、個人の争いや、国家間の争いの解決にはなりません」という法王ヨハネ・パウロ二世の警告を忘れていない。

私たちはもう先のばしはできない。国策としての核抑止は、道徳的に忌みきらうべきものとして非難されるべきである。なぜならば、それは、この恐ろしい兵器の保有の継続とさらなる開発を弁明し、正当化するものだからである。私たちは、無期限に核兵器に頼るより、むしろいま立ち上がって核兵器廃絶の努力に挑戦することを、全ての人々に求める。

❖まとめ

熱核兵器の本性は、その使用の威嚇の道徳性を特別な範疇のものにする。この兵器についての事実がひとたび理解されれば、絶対的に道徳に反するものとして非難をうけるだろう。しかし、広島と長崎であの残虐が行われて以来、米国は――イギリスとフランスの歴代政府の積極的協力を得て――この現実を否定し、「実践的な道徳の常識」としての核抑止論への恭順を正当化するために、あらゆる策を弄してきた。冷戦後10年経った今、このような詭弁は耐えがたいものであり、無責任なものである。米国パックス・クリスティ司教団の見解は正しい。

第6章――――
合法性

多くの政治指導者が、法的規範が核兵器の使用を束縛するという事実にだんだん敏感になっている。生物・化学兵器の禁止は正式の条約として制定され、論争の可能性に線を引いた。これらの手段は、大量破壊兵器として、道徳に背馳し、人間性を侮辱する。（皮肉なことに、恐ろしいものに変わりはないが、生物・化学兵器は核兵器と同列に並べることはできない。核兵器こそが唯一のほんとうの大量破壊兵器である。しかし、これはまだ国際条約で禁止されていない。）

ブルーノ・タートレー

❖核抑止への法的挑戦

核時代が始まって以来、国連では、多くの国や市民グループによって、核兵器を非合法化する真剣な試みがなされてきた。それはそもそも、核兵器や他の全ての大量破壊兵器の廃棄を要求した国連決議第１号――全員一致で採択――から始まった。そして核兵器の使用と威嚇を違法と宣言した国連決議や、生物・化学兵器に加えて核兵器も1949年のジュネーブ条約に含めようとする試みとしてつづいた。さらに最近では、化学兵器を禁止する条約と同様の、全世界的に拘束力をもつ核兵器禁止条約を求める決議が採択されている。

冷戦期のあいだは、このような試みは全て、安全保障理事会の拒否権にみられるように政治、経済力を使った核保有国の妨害と抵抗を受けた。今では生物・化学兵器の違法性を認めていながら、核保有国が、核兵器保有の特権の維持を主張し、差別的で、非道徳的で、不安定をひきおこす地位を保ち続けるという、大きな矛盾が存在している。

米国連大使の最近の言葉が、西側核兵器国の法的問題に対する立場を、驚くほど率直に表わしている。

「はっきり言おう。50年以上もわが国の安全保障の基礎であったものが、違法なものであったと示唆することによって、あなた方は核軍縮を早めることにはならないだろう。」(1998年の「新アジェンダ決議」に対する米国連大使の言葉)

❖世界法廷プロジェクト

冷戦が終わるとともに、核抑止の合法性に挑戦する初めての共同行動が、1992年、国際的な市民組織の連合体によって始められた。国際平和ビューロー、核戦争防止国際医師会議、核兵器に反対する国際法律家協会が共同主催して世界法廷プロジェクトが生まれた。1994年、「核兵器の使用と威嚇は、何らかの状況のもとで国際法上許されるか」という質問に対する世界法廷の勧告的意見を求める決議を国連総会が採択したが、世界法廷プロジェクトはそのための説得活動を支援した。そのとき世界法廷プロジェクトは、110余りからなる非同盟運動のなかの指導的な国々と緊密な協力関係を発展させた。この協力なしには、決議は採択されなかっただろう。

世界法廷とは

国際司法裁判所（通称、世界法廷）は、ハーグのピース・パレスにあって、国際連合（国連）の主要な司法機関であり、国際法上の諸問題について判断を下す最高法廷である。その司法管轄権は、国連憲章の不可分の一部である「規程」によって定められている。

法廷は世界の多様な司法システムから抜てきされた15人の裁判官から成る。安全保障理事会と国連総会が、国籍にかかわらず、それぞれの国の最高の司法機関に任命される資格を有するか、または国際法が認める資格を有する法学者で、高い道徳的資質をそなえた人物の中から、9年の任期で選出する（規程２条）。

判事は公平かつ良心的に行動することを宣誓し（規程２０条）、国連総会が給与を支給する。しかし、一般慣例として、ほぼ常時、国連安全保障理事会の５つの常任理事国出身の裁判官が在籍する。

裁判所の機能は二つあって、国家間の法的な争いの解決（係争事件として知られている）と勧告的意見を出すことである。安全保障理事会と総会は、いかなる法的問題についても勧告的意見を要求することができる。他の国連組織や専門機関（世界保健機構＝WHOもその１つ）も、その責任範囲で起きる法的問題について、勧告的意見を求めることができる。

核兵器の法的地位に関する世界法廷の勧告的意見――判決主文

これらの理由により、裁判所は、

(1) 勧告的意見の要請に従うことを決定する。(13票対１票)

(2) 総会の諮問に、次の方法で答える。

A　核兵器の威嚇または使用のいかなる特別の権限も、慣習国際法上も条約国際法上も存在しない。(全会一致)

B　核兵器それ自体の威嚇または使用の、いかなる包括的または普遍的禁止も、慣習国際法上も条約国際法上も、存在しない。(11票対　３票)

C　国連憲章２条4項に違反し、かつ、その51条の全ての要請を満たしていない、核兵器による武力の威嚇または武力の行使は、違法である。(全会一致)

D　核兵器の威嚇または使用は、武力紛争に適用される国際法の諸要請とくに国際人道法の原則及び規則の要請、ならびに、核兵器を明示的に取り扱う条約及び他の約束の特別の義務と、両立するものでなければならない。(全会一致)

E　上述の要請から、核兵器の威嚇または使用は、武力紛争に適用される国際法の諸規則、そしてとくに人道法の原則及び規則に、一般に違反するであろう。しかしながら、国際法の現状、及び裁判所の有する事実の諸要素を勘案して、裁判所は、核兵器の威嚇または使用が、国の存亡そのもののかかった自衛の極端な事情のもとで、合法であるか違法であるかをはっきりと結論しえない。（7票対7票、裁判所長のキャスティング・ボート）

F　厳格かつ効果的な国際管理の下において、すべての側面での核軍縮に導く交渉を誠実に行いかつ完結させる義務が存在する。（全会一致）

（訳は藤田久一、浅田正彦編『軍縮条約・資料集』〈有信堂 1997年〉より）

❖1996年の世界法廷の勧告的意見

国際司法裁判所は各国政府から28の陳述書を受け取った。さらに、1995年10月30日から11月15日まで行われた口頭陳述では、22の政府が意見を述べ、そのうち16政府が核兵器の違法性を支持した。米国、イギリス、フランスとロシア（中国は不参加）は、裁判所が自由裁量を行使してこの質問に返答しないことを要求し、ドイツとイタリアだけがこれを支持した。結局、45カ国とWHOの証言が行われた。この数は、裁判所の歴史で1件の公判に参加した最多記録の2倍以上である。また400万人近い個人の、裁判を支持する市民の良心宣言が提出された――「市民の証言」がはじめて受け入れられたのである。

7カ月の審議のあと、裁判所は1996年7月8日に判決を出した。裁判所は国連総会の質問を受け入れて、34ページの勧告的意見主文と14人の裁判官全員による200ページ以上の意見や反対意見を発表した。（117ページの「判決主文」と呼ばれる、勧告的意見主文の

審議中の国際司法裁判所

最後の節を参照。)

核兵器独特の性質　勧告的意見の中で、裁判所は核兵器の想像を絶する独特の性質を挙げ、「……とくにその破壊力の大きさと、筆舌につくしがたい苦しみを人間にあたえる力、さらに将来の世代に被害を及ぼす可能性」と述べた。そして実に、裁判所は核兵器だけが「……この惑星のすべての文明とすべての生態系を破壊する能力をもっている」とつけ加えたのである。当時の世界法廷裁判長、モハメド・ベジャウイ裁判官の言葉によれば、核兵器は「究極的悪」である。このことは、核兵器が、規模のいかんにかかわらず禁止された生物・化学兵器と同じ範疇の兵器であることを事実上確認したものである。それどころか、多くの点で核兵器ははるかに悪い。

国際司法裁判所は事実上、核抑止の否を認める　国際司法裁判所は武力（核兵器）の使用と威嚇の関係、すなわち、事実上、核抑止に関する審議を行った。

> 何かが起こったときに武力の使用の意図を伝えることが、国連憲章第4条２項の「威嚇」にあたるかどうかの判断は、いくつかの要因に依存する。予想される武力の使用そのものが違法であるなら、その使用の用意があるという表明は、４条２項の禁ずる威嚇である。したがって、ある国が他の国の領土を獲得するために、また特定の政治的または経済的方策をとるよう強制するために、武力使用の威嚇を行うことは、違法である。
>
> 国連憲章４条２項での武力の「威嚇」と「使用」の概念は、ある状況における武力使用そのものが――理由のいかんにかかわらず――非合法なら、そのような武力の使用の威嚇も同じく非合法である、という意味で、一体のものとして存在する。つまり、ある国が武力使用の用意があると宣言するとき、それが合法的であるためには、その武力使用が国連憲章に合致するものでなければならない。つけ加えるならば――抑止政策を擁護するか否かにかかわらず――いかなる国も、意図されている武力使用が非合法であっても、その威嚇は合法であると法廷に提案した国はない。

経験豊かな国際法の教授、フランソワ・ボイルはこれを次のように評価する。

> これは、いわゆる核抑止が合法であるとする全基盤に、直接的な疑問を投げかける。簡潔に言えば、大量の皆殺しを犯すことは明らかに非合法で、犯罪であるから、大量の皆殺しを犯すという威嚇も同様に明らかに非合法で、犯罪である。ゆえに、核抑止そ

のものが、明らかに非合法であり犯罪である。

要するに、世界法廷は、核保有国が核抑止の非合法性に関するこの見解の妥当性を否定することは事実上はばまれている、と判断している。少なくとも1945年のニュルンベルグ憲章以来、非合法で犯罪とされてきたことを行おうとする、「信頼性」をもった威嚇に基づいている以上、核抑止は非合法であり犯罪となる。ニュルンベルグ憲章の中心は非戦闘員の大量皆殺しにあることを想起しておこう。

そのうえ、核兵器のいかなる威嚇や使用も国際人道法に従わなければならない、と法廷は全員一致で決定した。これによって法廷は、核兵器にも戦争法規の原則が適用されることを確認したのである。核兵器による大量報復は、これらの要求をみたさないだろう。したがって、相手の攻撃を阻止するために大量報復の威嚇を行うことを意味する核抑止論は、事実上非合法となる。

軍事的意味　世界法廷はニュルンベルグ原則が国際人道法の一部をなすことを確認した。これは核戦力の計画と配備にかかわる全ての者にとって、深刻な意味がある。とくにここで問題になるのは、職業軍人と殺し屋やテロリストとの決定的な違いである。職業軍人は、軍法、国際法、国内法など法の下に行動すると見なされる。これこそ、職業軍人が生物・化学兵器のような禁止された大量破壊兵器の使用を制約される理由である。世界法廷の判断によって、今では核兵器も事実上それと同じ範疇におかれたことを、彼らは知るべきである。

自衛は抜け穴ではない　世界法廷は１つのただし書きをつけた。す

戦争法規は核兵器にも適用される

世界法廷は、核兵器の威嚇または使用は、武力紛争に関する国際法の規定に一般的に反するという裁決を下すにあたって、戦争法規（jus in bello）の原則が核兵器にも当てはまることを確認した。

これらの原則は、ハーグ条約、ジュネーブ条約やジェノサイド条約のような国際条約や協定から導き出されている。これらは、次のような兵器の行使を、自衛手段としても禁止している。

- 戦闘員と非戦闘員とを区別しない（区別の原則）
- 先行する挑発行為、または正当な目的、またはその両方と比較して不釣り合いな被害をもたらす（釣り合いと必要性の原則）
- 不必要または過剰な苦痛を生む（人道の原則）
- 中立国を侵害する（中立の原則）
- 広範囲に、長時間にわたり、過酷な損害を環境に与える（環境安全保障の原則）
- 窒息性、毒性などの気体、その種の液体、材料ないしは物質の使用（毒性の原則）

なわち、「国際法の現状、及び裁判の有する事実の諸要素を勘案して、裁判所は、核兵器の威嚇または使用が、国の存亡そのもののかかった自衛の極端な事情のもとで、合法であるか違法であるかをはっきりと結論しえない」と述べている。それにもかかわらず法廷は、こうした極限の状況でも核兵器の威嚇または使用は国際人道法に従わなければならないことを全員一致で決定した。

核保有国は、正確に照準をあわせた小型核兵器の自衛のための使用は、法に反しないと主張した。しかし法廷は、この主張を支持する根拠は不十分だと判断した。法廷は抜け穴を作らなかったことになる。逆に法廷は、核保有国が、核兵器の使用が許される法的状況を何も具体的に示していないばかりでなく、「限定的使用が高威力の核兵器の全面使用へとエスカレートすることはない」ことについて法廷を納得させていないと、核兵器国に反論している。直接これに関係するのが、1997年の新しい米大統領決定命令60や、これにならったイギリス、フランスの統合教義である。つまり、これらはいずれも、世界のいかなる場所であれ、米国、イギリス、フランスの「死活的に重要な利益」に対して、生物・化学兵器による攻撃の脅しを加える非核国に対し、低威力の核兵器の「警告発射」の脅しを与えるものである（第３章参照）。これはまた、中国以外の全核保有国が固執している核兵器の第一使用の選択肢にも当てはまる。

しかし、世界法廷の意見は、釣り合いの原則の基本的要求によって、非核兵器による攻撃に対して核兵器を使用することは非合法になることを、強く示唆している。国の存亡がまさに危険に瀕しているときでも、核兵器は――どんな兵器でも同様であるが――無差別に市民を殺害したり、永続的に環境を危機におとしいれたり、中立国に重大な損害を及ぼしたりしてはならない。

たとえば、１発のトライデント・ミサイルの爆発力は、それを合法的に使用するシナリオはありえないことを意味している。米国型のミサイルは、独立目標弾頭を８発まで運搬し、その１発の破壊力は475キロトンである。したがって、ミサイル１発あたり広島原爆の約315倍の威力をもつ（広島原爆の威力は約13キロトンであった）。1998年の戦略国防見直しによれば、イギリスのトライデント・ミサイルは１発が約100キロトンの弾頭を３発積んでいるだけであるが、これでも広島原爆23発分の爆発力をもつ。

❖政府声明の抜粋

世界法廷は核抑止の法的地位について具体的には意見を述べなかった。これは、この件の口頭陳述における核保有国からの圧力と関連があるかもしれない。例えば、フランス代表は「直接、間接にかかわらず、抑止にもとづく防衛政策について判断を下すことを示唆する可能性のあるような、いかなる意見にも反対する」と警告した。米国は、「これほど多くの国がこれほど長期にわたって、国民を守るために頼りにしてきた抑止のシステムの法的基盤に、いま疑いをはさむと、重大な不安を生みだす可能性がある」と述べ、イギリスもこれに賛同した。

しかし、他の政府は核抑止を非難した。当時の非同盟運動の議長であったインドネシアは、次のような包括的な批判を述べた。

> ……核保有国が安全保障の軸として固執する抑止の概念は、使用されれば人間も地球も荒廃させる、大量破壊兵器としての核兵器の特質をよりどころにしている。今でもこれらの国は、その使用が無差別的で制御不可能であり、したがって非合法であるこの大量破壊兵器を否定していないようである。
>
> 核兵器の独特の性質のために、その使用の威嚇は比類のない脅しの道具として、威嚇をうける国の政治的独立をゆるがす。
>
> そのうえ、先制攻撃が加えられようとしている事態の規模が必然的に推論の域を出ない以上、核兵器を先に使うという威嚇が、戦争法の礎石の1つである釣り合いの原則とまったく相いれないことになる。

核兵器の第二使用、および、その威嚇は、報復行為に関する法規のもとで認められない。とりわけ国際法研究所が発行したマニュアル66条と1977年ジュネーブ条約が述べるように、報復行為は「いかなる場合も人道と道徳に関する法に基づくものでなければならない」。正当とされる報復行為もあるだろう。しかしその場合も、慣習法には従わなければならない。したがって、防衛といえども核兵器の使用と威嚇を正当化することはできない。

核抑止の教義は、核兵器を使用し、敵に重大な損害を与え、そして、必要とあらばそのような損害を敵の軍隊や支援手段だけでなく、その国自体に与える準備と意志があること意味する。したがって、この法廷で議論されているように、これは、純粋に防衛的な教義とは言えない。

核兵器の使用と威嚇は、国家間の武力紛争を規制する全ての慣習法や条約の文言、精神、および意図に反するのである。

❖ウィーラマントリー判事の反対意見の抜粋

クリストファー・ウィーラマントリー判事は核抑止の法的地位を次のように分析した。(下線はすべてウィーラマントリー)

抑止の原理は大量報復の威嚇に基づいている。そして、ブラウンリー教授の所見のとおり、「その原理がもし実行されれば、それは実際の脅威とそれへの対応との間に不均衡を生むであろう。そのような釣り合いを欠いた対応は国連憲章51条の認める自衛にあてはまらない」。教授の言葉によると「抑止のための核兵器の第一の目的は、冷酷で不快な報復である――それは戦争用の兵器というよりも、テロリズムの道具である」。

抑止は、相手に恐怖を与えることを意図した備蓄兵器ではなく、使用することを意図した備蓄兵器である。その兵器の使用を意図することは、国内法であれ国際法であれ、法律の意図にふれるあらゆる結果が生じることを意味する。人は、結果的として生じる被害や破壊をひき起こすことを意図する。結果として敵の完全な破滅をもたらすことになる意図も、あるいは実際に、敵を一人残らず完全に一掃するような被害や破壊をもたらそうという意図も、あきらかに戦争の目的を超える。このような意図が、威嚇という概念に内在する精神的要素をなしている。

もしも、言葉や暗示によって核兵器の使用の真剣な意図が伝達されなければ、抑止は抑止とならない。したがって抑止は、使用の威嚇そのものにほかならない。ある行為がもし不正であるなら、それを行うという威嚇、もっと正確には、公けにそう宣言された威嚇も、同様に不正である。

❖世界法廷判決に対する軍部の見解

米国空軍の二人の法務官が世界法廷の判決を検討した。まずマイケル・シュミット空軍中佐がその影響についてこう述べた。「勧告的意見は、拘束力はないが強大な権威をもつ。それが法のあり方に対する世界のもっとも高位の裁判官たちの解明結果を表しているからである」。

またチャールズ・ダンラップ空軍大佐は、「勧告的意見は国際世論という法廷において影響力がある。そして事実、国際慣習法を表現したものとして、かなり多くの国で受け入れられるかもしれない」と書いている。

ダンラップ大佐の意見はとくに興味深い。大佐はリー・バトラー空軍大将が最高司令官を退役した３年後に、同じ米戦略軍の法務長官としてこれを書いているからである。大佐は、核兵器は「道徳的に弁解の余地のないものである」というバトラーの見解に対し名を挙げてコメントし、大将の主張は「そのまま放っておくと、アメリカの核抑止を土台からゆるがしかねない危険性をはらんでいる。統一軍事裁判法（UCMJ）によれば、個々人は、たとえ自分の良心に反することであっても、合法的な命令には従う義務があるとされるが、バトラーの考えは、そのような命令の合法性そのものに疑問を投げかけるものである。もっと問題なのは、彼の声明が我が軍のエートス――将来のアメリカの戦闘が勝利するかどうかを左右するエートス――を攻撃していることである。……明らかに、バトラー大将のような地位の指導的な軍人がこのようなことを主張することは、アメリカの核抑止が頼みとしている何千人もの良心的で名誉を重んじる人たちの心に、道徳的不安定をよびおこす……」。（下線は引用者）

ダンラップはさらにこうつけ加えた。

「国際司法裁判所（ICJ）の問題が意味することで、米国の法律顧問や立案者たちにとってもっとも重要なのは、そこに反映された、核兵器の適性に関する国際社会の多様な見解である。例えば、通常兵器作戦では全面的に協力が得られるパートナーであるにもかかわらず、ある戦闘において同盟国や連合軍の一部が、ある状況において、あるいはいかなる状況においても、核任務への支援を断ってくるかもしれない。」（下線は引用者）

彼はまた続けて、最近米国が「核作戦の分野でおこる特殊な問題」

に関する法的勧告の水準を高める決定をしたことを明らかにした。しかし結論としては、彼は米国が核兵器政策や慣行を修正するという議論には与しなかった。逆に、彼は仮想敵に対して、「米軍の決意を誤算しないように」警告し、「万が一、抑止が失敗すれば、わが軍は核兵器使用の最高司令官命令をただちに実行する用意があるし、今後ともその態勢をとり続けなければならない」と主張した。

これに対しシュミットの論評は、もっと敏感なものであった。

「国際法に違反しない方法で核兵器を使用することは困難であろうという点で、裁判官全員の意見が一致した。……もし、生物・化学兵器によって、あるいは通常兵器であっても、国家存亡の危機がもたらされたとしたら、その国は核で対抗してもよいのだろうか？

……さらに重要な可能性として、核保有国からさまざまな安全の保証が与えられている（同盟国の立場を考える）ときに、自衛に関して合法、非合法の判断をしなかったことは、集団的自衛の場合も含むのだろうか？　……法廷は実質的な考察のなかで、その国の存亡がまさに危機に瀕するような自衛の極限状態に言及している。」（下線はシュミット）

この最後の問題は、拡大抑止に依存する全ての非核保有国にとって深刻な意味をもつ。

シュミット大佐は、結びのなかで次のような貴重な意見を述べた。

「確かに、ICJは、その裁量の範囲内で容易に避けることができたにもかかわらず、この高度に政治的で、並外れて困難な問題を取り上げたことで、法原理的な勇気を示した。したがって長期的には、法廷を開いたことでICJは信頼性を高めた。ICJの意見はまた、核兵器の使用を法律的には疑義が残ること、核兵器は〈容疑者〉であることを明確にした。核兵器の使用を法律的に正当化しようと試みる者は、今後は以前にもまして重荷を背負うことになるであろう。」

❖英トライデントとニュルンベルグ、そしてブレア首相

ニュルンベルグ戦争犯罪法廷は、1946年10月1日にその判決を下した。ちょうど51年後のその日に、私は英・世界法廷プロジェクトの議長として、トニー・ブレア首相と英海軍本部委員会第一軍事委員ジョック・スレーター卿、そして英トライデント潜水艦部隊の配備の計画と実行にかかわるその他の人物に、「トライデントとニュルンベルグ」と題した公開書簡を送った。

書簡は、1996年の世界法廷の勧告的意見の観点からすると、トライデントの「抑止」パトロールの合法性には疑いがみられ、これにかかわる人物は全員ニュルンベルグ憲章を侮辱していると警告したものであった。とくに、ニュルンベルグ法廷が、極限状況においては人道法の原則が放棄される可能性があるという論理を、断固として拒絶したことを指摘した。ニュルンベルグ憲章の第4原則は「人が政府や上官の命令に従って行動したという事実があったとしても、その人に道徳的な選択が実際には可能であったとすれば、国際法の下におけるその人の責任は免責されない」としている。

ICJが意見を発表する前に、英海軍の最高法律顧問が問題のある覚書を書いた。そこでは、トライデント潜水艦の部隊指揮官の法的立場について、次のような非公式の助言が与えられていた。

「多くは、ICJの法解釈の原理いかんに左右されることになる。しかし、法廷が好ましくない意見を出すようなことがあれば、それは核保有国からは無視されることになり、戦略原潜部隊指揮官をふ

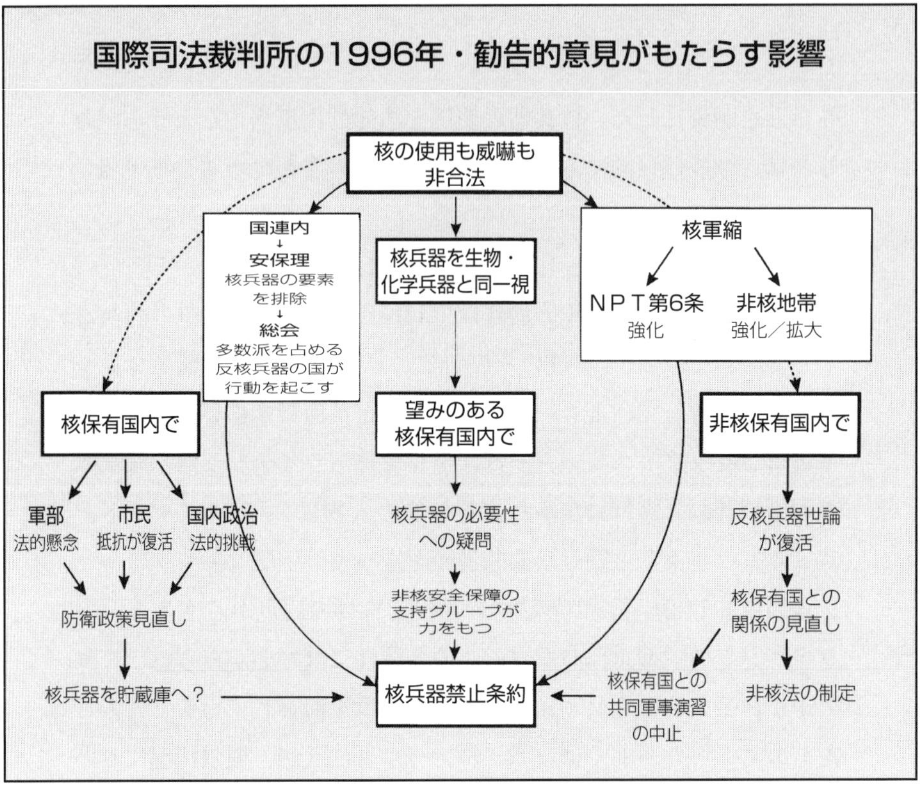

くむ関係職員は、市民としてその属する国の命令に従い政策を遂行することで、行動が違法とされることはないであろう。」（下線は引用者）これはニュルンベルグにおけるナチの弁明であった。第４原則のために、それは認められなかった。

このような状況のなかで、首相秘書官からの回答には誤解があった。

「ブレア首相は、あなたがとりあげられた問題は、国防省の管轄にあるので、首相に代わって国防省から直接あなたにお答えするように、書簡を国防省に回すように指示されました。ご理解ください。」（下線は引用者）

私は返信のなかで、要するに、ニュルンベルグ憲章は、個人、とくに戦争指導者が国際人道法の原則と規則に違反するおそれのある決定を行うときに、国を隠れみのにすることは許されない、と述べていることを強調した。まさにこの理由によって、私は、海軍本部委員会第一軍事委員、国防長官、そして作戦配備中のトライデント潜水艦の二人の司令官にいたるまで、命令系統の主要人物に手紙のコピーを送ったのである。これらの人物は、それぞれ特定の個別的責任を負っている。私は首相あての手紙につけ加えた。

「閣下の場合、謹んでニュルンベルグ第３原則を想起していただきたいと存じます。つまり、『国際法上罪とされる行為を犯した人物が、国家の首長や責任ある政府官吏として、その行為を行った事実があるとしても、国際法上の責任を免れることはできない。』発射コードの保管責任を負い、イギリスの保有核兵器の発射を可能にする命令を認可する究極の個人的責任を負った政治指導者として、他の誰でもなく、首相、閣下こそがこの問題についてご自身の考えを述べるべきなのです。ご返事をお待ちいたします。」

こんどは、前よりも慎重な返事があった。

「貴方はご心配のようですが、首相がご自身の責任を回避しようとしているなどは論外のことです。……政府は連合王国の核抑止は国際法に合致するものであると確信いたします。したがって、トライデントの作戦や支援に従事する者たちは、政府内での地位に関係なく、ニュルンベルグ原則の下で合法的に行動することになります。」

イギリス政府の現在の立場　2000年1月の議会での声明で、国防長官は、武力紛争法に関する英統合軍マニュアルの改訂版を同年遅くに公表すると発表した。その中で世界法廷の意見を考慮した核兵器に関係する項目は、次のようになっている。

「明示的であれ暗示的であれ、国際法には核兵器の使用を禁止する特定の規定はない。その使用の合法性は、固有の自衛権や敵対行為を規制するものを含めて、国際法の一般規定の適用にもとづく。これらの規定は、具体的な事実関係から離れて、一般的な性質の禁止を意味するように適用することはできない。具体的な場合において、核兵器の使用や使用の威嚇が合法的かどうかは、全ての状況によって決まる。核兵器は、通常兵器と同じ一般原則を参照して扱うべきものである。しかし、ジュネーブ条約の第一追加議定書に導入された新規定は、核兵器の使用について影響を与えたり、核兵器の使用を規制、あるいは禁止することを意図するものではない。」

これは核兵器についての新たな条約、つまり核兵器禁止条約を作る政治的意志を創出することが、いかに重要であるかを物語っている。

❖まとめ

世界法廷プロジェクトは、冷戦が終焉し、ラジカルな法的とり組みを可能にする国際環境が生まれた時期をとらえて活動した。1996年の歴史的な勧告的意見の中で、法廷は核兵器のいかなる使用も使用の威嚇も、ニュルンベルグ原則をその一部とする国際人道法に従わなければならないという、全員一致の判断を示した。法廷はまた、その特異な破壊的特性のために、核兵器の使用と威嚇は一般的に違法と決定した。これは核戦力の計画と配備に携わる者すべてにとって、重大な意味がある。

米空軍の法律顧問は、この勧告的意見は、比類のない権威をもつものであること、そしてこれが、核兵器使用の命令に対する不服従を正当化するために利用される可能性があることを疑っていない。さらに、これに影響されて、米国の同盟国政府が核兵器使用への支援から手を引く可能性もある。

この勧告をどのように使うかの一例として、本書の著者は、イギリス首相をはじめ英海軍トライデント部隊の配備関係者にあてて公開書簡を提出した。手紙は、彼らがニュルンベルグ憲章を侮辱する危険を冒していることを警告したものである。英国政府の回答は、核兵器禁止条約が緊急に必要であることを裏づけている。

第7章――――
より安全な安全保障戦略

私たちは、核の聖職者の色あせた説教に黙って従うことはできない。今こそ、個人の良心、理性の声、そして人間の正当な利益こそがもっとも大切なものであると、あらためて力説すべきときである。

リー・バトラー空軍大将

❖深淵からの出口

核の深い淵から出る道を探すためには、まず、それが可能であることを認めなければならない。マイケル・マクグワイアーは、私たちが、冷戦の終焉が贈ってくれた短いハネムーンと非核の世界が実現可能であるという事実（多分最後のチャンス）を、私たちは利用することができると主張する。ひとたびその実現可能性が受け入れられたならば、20年から30年先に起こるかもしれない危険に対処するために考えるべき、危機や可能性についての計算はまったく違ってくる。

なぜ大国はこんな世界の警察官としてふるまおうとしなければならないのだろうか？　その答えは簡単である。もし彼らが、核兵器をなくす方法を知っていたとしても、警察官としてふるまい続けることが、彼ら自身の国益に完璧にかなうからである。――この認識は、体制内部でも増えている。マクグワイアーは、核兵器を支持する西側国防体制内で、核以外の手段では達成できない防衛上の重要目的であるとか、核のない世界で無意味になってしまうことのないような重要な防衛目的とを提示したものはだれ一人としていない、と主張する。

彼は、責任は核抑止を支持する側にあるという。なぜ世界が核兵器を持つべきでないのかを説明することが、非核世界を支持する者の義務なのではなく、なぜ持つべきなのかを、抑止の理論家たちが証明しなければならないのである。

マクグワイアーは、思考態度の決定的な切り替えを提案して、出口への道を描いた。

> 政策決定者と一般市民にとって、抑止の魔法をかけられて作られているイメージは、治安判事と法律違反者のイメージである。後者を縛っているのは、死刑に対する脅威だけである。まさにこの西欧的な考え方のために、核保有国が保有核兵器を除々に放棄するという過程にとって、抑止の概念はまったく不適当なのである。これを成功にもってゆくためには、その過程は、集団的安全保障や、協調的安全保障のような概念を組み込んだ共同の努力でなければならないであろう。
>
> この過程に参加するグループは全て共通の目的をもっているということが基本的な前提となる。したがって、到達する方法に意見の違いはあっても、懲罰で脅すのでなく、あらゆる範囲の政治的、経済的取り引きを通して解決されるだろう。もし、その計画に核抑止が入ってくれば、計画は必ず失敗するであろう。核抑止は本来的に分断的だからである。

これに対して、ブルース・ルセットは貴重な指摘を加えている。

「抑止は、好ましくない行為に対して負の制裁を与えるという威嚇による説得の政策にとどまっている。単純な行動派といえども、ものごとには別の側面があることを知っている。つまり、相互に報われるような事実や約束を通して、互いにとって好ましい行為をひきだすことができるのである。」

同じように、レジナ・カウェン・カープは、新しい思考態度とは、核軍縮は一つの安全保障構築の過程だと考えることだ、という重要な指摘をしている。一方、核抑止のドグマを受け入れることは、インドとパキスタンの例で明らかなように、核拡散を支持することを意味する。

ニュージーランドが核抑止を拒否したときに、デイビット・ロンギ首相は、この考え方の転換を経験した。

「西側同盟諸国のほとんどが、この問題はえん曲に扱うのが賢明だとして、無責任な国策を推し進めたのとは全くちがい、ニュージーランドは、自国の安全保障を強化するという伝統的概念の名において、合理的かつ計算された方法で行動した。簡単に言って、我々は核兵器のある防衛よりも核兵器なしの方が安全であった。この政策は、法律に表されているように、核兵器を廃棄するという政治的意志と核抑止論の拒絶を表明するものである。」(下線は引用者)

ニュージーランドは1987年に非核法を制定した。この法はニュージーランドの国内と領海、領空への核の持ち込みを禁止したばかりでなく、原子力船の寄港も禁じた点を特徴としている。ロンギ新内閣は、1984年に非核政策を宣言するとともに、南太平洋非核地帯を推進し、非核政策を受け入れるようアンザス同盟について再交渉

右上のタイトル＝アメリカは「ニュージーランド病」の伝染を怖がっている。ミサイルを抱えている人物のセリフ＝シッ。早くどっかへやってくれ。みんな汚染されてしまう。カバンの文字＝非核ニュージーランド　（マーク・ダウアーの厚意による）

を行うことを表明した。米国が、日本、オーストラリア、フィリピンなどの同盟国に「キウイ病」が伝染するのを恐れたため、ニュージーランドは米国の「同盟国」から「友邦」に格下げになった。また、アンザス同盟の軍事協力も削減され、さらに米国とイギリスは貿易を脅かし、国連要員は西側グループからのけ者にされた。

それでも、ニュージーランドと米国の平和運動によるぶ厚い世論の後押しに支えられて、政府はゆるがなかった。オークランドでフランス政府の工作員によるグリーンピースの反核船、「虹の戦士」号の爆破事件が起こったのは、1985年であり、南太平洋非核地帯の制定と時を同じくした。1986年のチェルノブイリ原子力発電所の爆発事故とこれらのことが相まって、非核法の法制化が確実になった。

ニュージーランドと米国のあいだの現在の関係は次のようなものである。1999年9月、クリントン大統領が米国の大統領として、1965年以来はじめてニュージーランドを公式訪問したが、公的には、核兵器について一言も触れなかった。その2年前には、バトラー空軍大将がニュージーランドを訪問し、核兵器反対の「立場を守った」ニュージーランドに、次のような謝意を表していた。

「誰もがそうであるように私も、ニュージーランドが10年前に、どれほどの勇気をもってあの決心をしたかを知っています。……10年前に私がここに来ていたなら、私のメッセージは違っていたかもしれません。しかし今ここで、私は、あなたがたは正しかった、と言いたい。」

マクグワイアーの論文を発展させて、ブルーノ・タートレーは、「核抑止は朽ちるか〈消え去る〉かして、21世紀の初めの10年間には、西側戦略は事実上の〈非核化〉を達成する可能性がある。それは、安定の継続、軍縮圧力の増加、核抑止への〈強調の低下〉、また核兵器の非合法化からもたらされるであろう」と示唆している。

しかし、受動的に待つだけでは十分でない。核擁護派の原理主義者たちと軍産複合体の既得権益がこのような動きをつぶそうと、常にやっきになっているからである。ケン・ブースとニコラス・ウィーラーが推奨するように、私たちは従来の幅のせまい核軍縮問題でなく、これまで無視されてきた安全保障協力の政策研究に焦点をあてることも必要である。実際には、核兵器の問題についての従来の考え方の順序を逆さまにするべきであろう。これは「ジャスト・ディフェンス」(「純粋に防衛的である」と「正当な防衛である」という両方の意味で）というアプローチである。それは、非核化、非挑発的な防衛の原則、信頼醸成措置、そして国連憲章を活用するような自衛の権利の誓約を具現するものである。

一方では、目前の脅威に対処するためのより安全な代替戦略が必要である。

❖「テロリストが核で恫喝してきたら？」

キャンベラ委員会は、「抑止の理論は、一方の側が、他方が標的にできるような、容易に特定できたり、致命的な重要性をもった対象物を有していなければ成功しない。そのうえ、テロリストは、彼らの核爆発装置を運搬するのに通常ではない手段を用いることが多いと考えられる。したがって、標的にされた国が、このような核装置の使用や威嚇の成功を予測したり、防止したり、制限するのは、さらにいっそう困難になる」と報告している。

もしも最悪の事態が起こって、テロリストによる核の恫喝があった場合、第一の原則は、どんなことがあっても核報復の威嚇によって対抗しようとしないことである。はったりは読まれるだろう。なぜなら、どんなに小さくても、現在の熱核爆弾で彼らをねらえば、受け入れがたい付随的被害をひき起こし、全世界から非難がわき起こらざるをえないと思われるからである。実際、過激主義者のなかには核保有国を挑発してこの方向に動かし、できるだけ「多くを道づれにしたい」と望んでいる者さえいる可能性がある。したがって、核兵器は「役に立たない」という以上に「悪い」のである。

核戦略の経験豊かな評論家で元国連ニュージーランド大使は、これを次のように説明した。

「実際にテロリストや小さな分裂国家などに対して核兵器を使用する可能性は、そのような標的が現実には存在しない可能性があるという事実に照らして考えなければならない。また、いずれにしてもCNNが支配する我々の世界で、小国の非戦闘市民に対して核兵器を向けるのを見ている観客がいるということは、抑止効果の信頼性をなくしてしまう。このような状況では、軍事、非軍事にかかわらず、他の手段による先制攻撃や抑止に訴えざるをえない。通信、指揮、管制を遮断する高度な手段やハイテク精密誘導の新世代の通常兵器の登場によって、核兵器が必要な場面が少なくなっているし、核兵器の妥当性そのものが小さくなっている。」(下線は引用者)

核の恫喝に対処する唯一の方法は、話し合いをつづけ、その間に疲労させたり、混乱させたりして、必要であれば、高度な精密兵器を装備した特殊部隊も使って、恫喝者を無力化することである。フランスで一例となる事件があった。男が学校で1クラスの生徒を人質にとり、自分は爆発物を胸に巻きつけて、要求が通らない場合は生徒もいっしょに吹き飛ばす、と脅した事件である。フランス当局は交渉を長びかせて男を疲労させ、その間に犯人の状態や位置を監視する装置を取りつけた。そして、機を見計らって特殊部隊が侵入し、男を消音銃で射殺したのである。

ケン・ブースが推奨するように、ただちに役立つ政治転換は、「核戦争の遂行と核戦争の勝利をめざした態勢や態度が強まることに歯止めをかけることであろう。なぜなら平和時の強制力の道具としての核装置への信頼感は、多かれ少なかれ、戦時の核の実用性と有用性に対する信頼に比例して強まる可能性があるからである。1970年代中期以降、国際関係の分野でもっとも危険な動きは、核戦争を通常戦争と同じように日常化してしまう考えをもった米国の戦略原理主義者の政策集団が目立って台頭してきていることである」。

しかし、これよりはるかに優れ、もっとも責任ある解決策は、核兵器のイメージを「財産」から評判の悪い「負債」へと転換することである。それによって、核兵器を手に入れようと望むような体制やテロリストが生まれる危険性が最小になる。なぜならば、そのことによって彼らの主張に対するどんな支持もつぶれてしまうからである。この議論は、核兵器を禁止する強制力のある国際条約を締結することの緊急性を確実に強めるものとなる。

❖安全保障に核抑止は不要

1994年にミンスク科学アカデミーで行われた講演で、クリントン大統領は、ベラルーシの人々に話した。

「新しい国家としてのあなた方が行った最初の決断は、核兵器を断念することでした。……あなた方がこう言うことは簡単だったでしょう。この兵器はわれわれを偉大な国民にする、われわれを強くする。われわれはそれを使おう、ちらつかせて脅迫しよう、と。しかし、あなたがたはもっといい選択をしました。核兵器なしに生きると。」

パキスタンがインドに続いて核実験を行ったことを知ったとき、クリントンは自分の反応がつぎのように報告されたことの重要さを、認識していなかったのかもしれない。

「インド亜大陸が20世紀最大の過ちをくり返すなかで、われわれが21世紀に入ろうとしていることは信じがたいことである。それは、平和にとって、安全保障にとって、繁栄にとって、国家の威信にとって、さらに個人的な業績にとっても、不必要なものであることをわれわれは知っているのだから。」

現実には、圧倒的多数の国が核兵器を持っておらず、核兵器国との同盟にも加わっていない。ニュージーランドのユニークな立場については先に触れた。さらに、過去において核兵器を手にはしたが、今は廃棄した国もいくつかある。南アフリカがもっともよい例である。ソビエト連邦が崩壊したときに、世界第3位の核兵器を受け継いだウクライナ、それにベラルーシとカザフスタンは、核弾頭をロシアに返還することで自国の安全保障が強化されるであろうと決断した。南アメリカでは、1990年代初めに、アルゼンチンとブラジルが相互に協定を結び、核兵器の研究開発を破棄して、1967年にラテン・アメリカ一帯に非核地帯を設立したトラテロルコ条約に加わることを選択した。

非核保有国として核不拡散条約に加盟している182カ国のうち、16のNATO加盟国とオーストラリア、日本、そして元ワルシャワ条約加盟国のいくつかを除いた国々は「核の傘」を拒絶している。そのかわりにこれらの国は、外交、法律、経済的な形が複合した抑止で支えられながら、適度な規模の通常防衛力に頼ることを選んだ。複合した形のなかには、非核地帯、世界法廷のような国連機関、そして国際刑事裁判所設立の例にみられたような国際法の強化をはかる支援活動などがある。

❖自己抑止の強化

すでに第4章で述べたように、核抑止を拒絶するのに貢献する重要な要素の1つは、核兵器を使う可能性をもった国が、とくに非核兵器国に対し、核兵器の使用について自己抑制を行うことである。それには次のような理由がある。

- 消極的安全保障を尊重することを求める圧力が強いこと。消極的安全保障とは、核保有国が、他の核兵器国と同盟関係にない非核保有国に対して核兵器を使わないことを約束することである。
- 核攻撃の威嚇を受ける可能性のある国が、非核地帯に含まれる可能性が増加すること。
- とくに、はるかに力の弱い国が犠牲になった場合、世界的な怒り、政治、経済面におけるリアクションが、核を使用した国を襲うこと。

この例は、ベトナム戦争での敗北を回避しようとした米国が、核兵器の不使用を決定したことや、アフガニスタンでのソビエトの決断に見られる。ケン・ブースは「ベトナムは、核を持つ中国とも米国とも戦った。また、ソビエトが東ヨーロッパで権力を握ったのが米国による核の独占の時代だったことも、想起されなければならない。長年にわたり、多くの小国は核の力に従わなかった。核の力はほとんどの場合、無関係であった。因果関係は挙げられないが、ここ何十年かの傾向が、一方では保有核兵器の膨大な増加がありながら、国際問題における大国の優位が低下していることは注目に価する」。

人々はあまり気づいていないが、1996年の世界法廷の勧告的意見の直接の結果として、自己抑止が強化されて世界がより安全になったということがある。勧告的意見は、国家に対する拘束力はないが、冷戦終結によって生まれた核軍縮への好機の扉をあけておくのに役立つ、新しい法的な歯止めとなった。

これに関連して、ICJの決定によって、今では核兵器は、条約で禁止される前でさえ職業軍人が使用を避けていた生物・化学兵器と同類という烙印が押された兵器であることを認識させる——とりわけ軍の内部で——ことが必要である。核兵器は「〈烙印を押される〉べきである。いったん戦争の道具ではないことが認識されればそうなるだろう」とモートン・ハルペリンは述べている。リー・バトラー空軍大将も同じ意見を述べる。「核兵器は人間性の敵である。真実、それは兵器などではない。核兵器はある種の生物時限爆弾であり、その影響は時間と空間を超越し、地球と地球上の生物に害毒もたらすのである。」(下線は引用者)

❖通常兵器による抑止は危険が少なく信頼性も高い

ブルーノ・タートレーは最近、「精密通常兵器は、核以外の1つの選択となりうる。また、現代テクノロジーの可能性や『通常抑止』に対する信頼は、冷戦期よりも今のほうが高い」と指摘している。通常兵器による抑止もまた、核抑止と同様に国家間の不安定な敵対関係を維持し、軍拡競争を刺激して、真の安全保障を促進するための協力を阻む。にもかかわらず、先に述べたように、そこには根本的な違いがあって、そのために私は核抑止の緊急の穴埋めとしてこれを推薦する気持ちになっている。

もし、通常兵器に基づく抑止に失敗しても、被害はおおむね交戦国内にとどまるだろう。その結果の環境破壊も普通は回復可能である。それに対して核抑止の失敗で脅かされるのは、交戦国ばかりでなく、地球上のほとんどの生命に加えられる破壊と害毒である。

私がいつでも使用できるよう命令を受けていた核爆雷は、1992年に英海軍から退役した。そのときまでに、現在考えられる海軍関連の全標的を無力化することのできる通常型の対潜新兵器が開発されていた。米国に関する限り、核兵器にできることで最新の通常兵器にできないことは何もない。これはひとつには、最新の通常兵器の破壊力の長足の進歩と関係している。エレクトロニクスや通信の能力を損なう電磁パルスのような特殊な効果を備えた多様な型の弾頭ができた。戦略目的の強化壕でさえ破壊する運動エネルギー弾頭をつけた最新の精密誘導システムも開発されている。さらにこれらの兵器は（劣化ウランを使用したものを除いて）放射性降下物のような、核兵器がもっているよけいな二次的被害はもたらさない。また、火力において無差別ではないし、釣り合いがとれている。拡大の危険も少ない。そして最後に、通常兵器の方が安上りであり、備蓄も安全かつ簡単である。こうしてみると、通常兵器を抑止に使用することは現実的な選択であり、結果として抑止により高い信頼性を与える。

第4章で述べたように、米国のコリン・パウエル大将自身、核兵器を非実用的なものとして拒絶した。冷戦期の有名な「タカ派」の一人であったポール・ニッツでさえ、最近こう書いている。

「通常兵器で我々の目的が達成できるという事実にかんがみると、我々が核兵器の使用によって達成すべき目的は何もない。……保有する核兵器の規模について、ソビエト連邦との交渉にあれほどの年月を費やした者が、いまなぜ、もはや要らないと言うのだろうか？核兵器の問題に関するもっとも簡単で直接的な答えは、いつも〈完全な廃棄〉であったと私は思っている。1982年、私がソビエト連邦の交渉相手であった、ユーリ・フビチンスキーと〈森の散歩〉を行ったとき、少なくとも2国間での可能性として、このことを話し合った。核兵器の廃棄は当時は実現性がなかった。しかし、それを今やってはいけないという理由はない。我々の生存を脅かしているのは、核兵器の存在そのものだから。」(下線は引用者)

通常兵器装備のトライデント？　米海軍はSTARTⅡ（第二次戦略兵器削減条約）によって廃棄される予定の4隻のトライデント潜水艦を、通常任務に転換する可能性を調査している。24本の発射管のうち2本以外のものに7発のトマホーク巡航ミサイルが入ったキャニスター（筒状の金属容器）を装着できるよう改造するのである。これによって各潜水艦は、多種の通常弾頭型巡航ミサイルを、最高154発まで発射することが可能になる。

それに比べて、現在の攻撃用潜水艦は24発の巡航ミサイルしか発射できない。NATOのセルビアとの戦闘で、巡航ミサイルの25％は潜水艦から発射された。残りの2本の発射管に、「シールズ(SEALs、海軍特殊部隊）運搬高度システム」として知られている特殊小型潜水艇を接続できるように改良し、特殊部隊コマンドを最高66人まで送り出せるように考えられている。これは、極秘任務を遂行するトライデント潜水艦のデッキに取りつけられることになる。

核抑止に代わる短期的代案としての通常兵器抑止に関する私の注意事項を念頭においた上で、この提案は英国が新しく手にした4隻のトライデント潜水艦にとって注目すべき意味をもつ。元英海軍の私の同僚のうち何人かが、潜水艦に通常任務が見つけられるなら、核兵器をなくすことを支持するだろうと表明した。

1998年、元英海軍大佐で『ジェーン軍艦年鑑』の編集者、リチャード・シャープは、1993年に全地球測位システム（GPS）衛星ナビゲーション・システムを装備したトライデント・ミサイルの発射実験に米海軍が成功していたことを報告した。これによって、精密端末誘導装置と運動エネルギー弾頭を、6,000カイリまでの射程内で結合する技術の実現可能性が確立されたことになる。彼は「英トライデント・システムの全能力は使用しないという意図によって……もしこれらの潜水艦が余った能力を活用することになった場合に、いくつかの戦略以下の選択肢を開発する可能性が生まれる」と述べている。とはいえ、彼は、イギリス政府は「トライデントに通常弾頭を配備する計画はないと言っている」とも付け加えた。

❖核戦力の一触即発の警戒態勢を中止する

先に述べたように、冷戦後10年たった今でも、米ロはどちらも2000発以上の戦略核兵器を臨戦状態においている。キャンベラ委員会は1996年にこれをつぎのように批判した。

- それは冷戦時代の姿勢と前提のきわめて遺憾な継続である。
- それは不必要に一触即発態勢のリスクを持続させている。
- それは米ロ関係を正常化する上で決定的に重要な過程を遅らせている。
- それは核兵器は死活的な安全保障上の役割を果たすという、軍備管理の観点から極めて有害で、まちがいようのないメッセージを送る。
- それは国際的な安全保障環境の大転換に対してまったく不適切である。

これらのミサイルを警戒態勢から外すことは、1991年にリー・バトラー空軍大将が実施した、爆撃機の核警戒態勢解除という措置に対応する当然の措置である。高度な警戒態勢を解除することは——

- 核兵器の偶発的または無認可発射の確率を、劇的に低下させるであろう。
- 核保有諸国間の政治的環境に極めてプラスの影響を及ぼすであろう。
- 諸国間のいっそう緊密な協力の場を作るのに役立つであろう。

核戦力を警戒態勢から解除することは、各国の技術的手段や核保有国間での査察の取り決めによって検証可能であろう。第一に、警戒態勢の緩和は、核保有国が一方的に採用することが可能である。1998年の「戦略防衛見なおし」で、イギリス政府はリーダーシップを発揮し、英国トライデント戦力を高度警戒態勢から外し、一隻だけパトロールについている潜水艦の発射予告を「分単位」から「日単位」に延ばしたと発表した。しかし、これは検証不可能である。

検証の必要性については次のようなことがあった。米国とロシアの軍部が、照準はずしを取り決めていたにもかかわらず、コンピューターの2000年問題による偶発的核戦争を非常に懸念して、コロラドのピーターソン空軍基地に、共同の「2000年問題戦略安定センター」を設置し、そこでそれぞれの早期警戒システムからの情報を監視しあったのである。この失笑すべき皮肉な設定は、おそらく、全人類と地球を破局にみちびく惨劇の危険をおかしてまで、核抑止のドグマを持続させることを至上命令とする考えによって推進されたものである。以前の厳しい敵同士のあいだで実現した、このような相互検証が存在する以上、これを警戒態勢解除の監視に延長することは可能なはずである。

警戒態勢解除に続いてとられるべき当然の措置は、キャンベラ委員会が勧告している第二の段階、つまり、運搬手段からの弾頭の検証可能な除去である。これによって、警戒態勢解除の成果が大いに強化されるであろう。キャンベラ委員会が挙げている弾頭はずしの利点には、次のようなものがある。

- 爆撃機戦力の場合とほぼ同じように、分かっている時間内、あるいは合意された時間内に核戦力を警戒態勢に戻すことができるような範囲内で実施することができる。
- 核の脅威への適切な対応はひきつづいて確実になしうるが、大規模な核の先制攻撃や奇襲攻撃、そしてそれに対する即時報復攻撃の自動的な命令は回避できる。
- 意図しない、あるいは偶発的な核使用に対する障壁が著しく強化される。

戦略核戦力の警戒態勢が全て解除されれば、比較的安全のうちに、核兵器禁止条約に向けた多国間の交渉を早めるための、急速な前進が見られるであろう。

❖核兵器禁止条約を早期に締結せよ

核擁護派が好むキャッチ・フレーズは「核兵器の知識は消し去れない」である。化学兵器の知識も消し去ることはできない。しかし国際社会はそのことに絶望することなく、化学兵器を全面的に禁止するための強制力のある条約に同意した。そして生物兵器に対しても同様のものに強化すべく努力しつつある。その結果、すでに軍人の中にはそれらを扱うことを拒否する者が出てきた。「核兵器の場合にはそのやり方は通用しない」と主張することは、宥和論と宿命論があいまいに混じり合ったようなものになるだけである。世界はもっと巧くやるべきだし、そうできる。

化学兵器や生物兵器の場合は、それに用いることのできる多くの種類の化学剤や生物剤があるために、検証が困難という問題があったにもかかわらず、それらの兵器は禁止された。それらの作用剤の多くは軍事目的以外にも使えるので入手は容易であり、兵器への転用もたやすい。

一方、核兵器には核分裂物質つまりプルトニウムや高濃縮ウランが必要であって、その製造は極めて難しくかつ危険であり、ふつう他の目的には使われないから、その監視ははるかにやさしい。すなわち、核兵器禁止条約の検証は、他の大量破壊兵器の場合よりもずっとやさしいはずである。

核兵器禁止条約については、世論がそれを支持している。米国とイギリス（どちらも87%）、オーストラリア（92%）、少なくともNATOの三つの非核保有国――ベルギー（72%）、カナダ（93%）、ノルウェー（92%）――において、圧倒的多数の世論が、自国の政府がこの条約の交渉を行うことを求めている。化学・生物兵器と同じように、核兵器も烙印を押された非合法の地位に置かれるということは、核兵器がもはや「財産」とは受けとられないことを意味する。それはむしろ、安全保障上の問題点となる。また、核保有数はほとんど意味を失い、むしろその解体の重荷のバロメーターという意味しかなくなってしまう。これはとくに、一万発余りあるロシアの「戦術」核弾頭についてあてはまる。

1996年の世界法廷の勧告的意見によって、核擁護派に対して、核軍縮を支持する政治家は法的に優位に立っている。前者はいまや、法を犯すという非難にさらされるからである。勧告的意見は、法にかなうものとして、核軍縮にあらたな推進力を与え、禁止条約の進展を早めるために使われている。今や欠けているのは、政治的意志だけである。

1999年6月、中国の江沢民総書記は次のように述べて、必要とされる指導力を発揮した。

「核兵器を包括的に禁止するための条約の交渉をすべきである。生物・化学兵器が禁止されているいま、もっと破壊力のある核兵器が包括的に禁止され、徹底的に破棄されてはならないという理由は何もない。この目的を達成するために必要なのは、強い政治的意志だけである。」

その背景として、マックグワイアーは、「西欧諸国は、まだ力をもっているあいだに、国際システムにおける法の支配を広げ、それに従い、それを強化しなければならない。そうすることで、世界の人口やその他の動向にみられるように、何十年か後に彼らの力が相対的に弱まったとき、彼らは法の保護を受ける望みをもつことができる」と述べている。

モデル核兵器禁止条約　1997年11月、コスタリカの要請によって、国連はモデル核兵器禁止条約を討議草案として配布した。モデル条約は、法律家、科学者、軍縮専門家の国際チームによって起草されたもので、段階的で検証可能な一連の手段によって、核兵器の禁止と廃棄を行う計画を示している。これは、広く支持されている化学兵器禁止条約（1997年4月29日発効）と同じ線にそって起草されている。モデル条約の目的は、次のようなものである。

- 核兵器廃棄の実行可能性を示す。
- 政府に核軍縮交渉を再開するよう激励する。
- 核軍縮の目標に反する政策を具体的に示す。
- 核廃絶が理想論であると思わせている障害のいくつかを克服する。
- 交渉開始の政治意志が生まれたときに備える。

モデル核兵器禁止条約の要求に対して、西側核保有国からくり返し寄せられる反論は、今日の政治状況のもとでは、核兵器の禁止と廃棄のための枠組みを考察したり議論したりすることは「時期尚早である」、あるいは「非現実的な理想主義である」というものである。しかし計画の立案は時期尚早ではないし、必要な検証機関の開発を開始することも、非現実的な理想主義ではない。包括的核実験禁止条約も、長いあいだ手がとどかないもののように思われていた。にもかかわらず、その期間においても、ジュネーブ軍縮会議の科学者グループによって検証機構が研究され、交渉が始まったときにそれが役立ったのである。

核兵器禁止条約を求める声は広がり、国連総会、ヨーロッパ議会、米下院議会で、核兵器を廃棄するための交渉に取り組み、また具体的措置をとるよう誓約することを各国に呼びかける決議が採択された。

議論は、「安全保障と生存——核兵器禁止条約の必要性」（「核兵器に反対する国際法律家協会」〈IALANA〉などが出版。1999年）という優れた新刊の冊子の中でさらに続いている。そこでは、核保有国側から出されている最近の懸念が論じられ、実際的解決法が提示されている。このような、市民の専門家による、慎重で対立的でない仕事は、核兵器廃絶のパラダイムを不可能から実現可能へと切り替えることをめざす闘いにとって、重要な手助けとなる。

核兵器禁止条約のような目的をもって多国間交渉を始めることこそ、核保有国が核軍縮を達成するという約束を端的に示す手立てである。開始するという行為こそ――交渉がどれほど長くかかっても――核軍縮への政治的勢いを取り戻すことになる。核保有疑惑国は、インドがやったように、核廃絶の進展の遅れを指摘して核兵器獲得を正当化することは、もはやできなくなるであろう。

核兵器の「オタワ・プロセス」？　1996年に対人地雷禁止交渉が暗礁に乗り上げたとき、カナダのロイド・アクスワージー外相は先頭に立って世界の同僚たちに呼びかけ、１年以内に世界規模の条約締結にこぎつけようと促した。同僚たちはこれに応えた。同じ志をもった各国政府と市民団体の劇的なパートナーシップが、米国をはじめとする非協力的な数カ国に打ち勝ち、条約締結は見事に達成された。米国と一握りの国が反対の立場をとって孤立したが、同様のやり方で、1998年に国際刑事裁判所の設立のための条約も獲得された。

もちろん、核兵器の「オタワ・プロセス」を始めようとするときの困難の大きさの違いは、過小視することがはできない。しかし、ジュネーブ軍縮会議は、事実上機能麻痺をつづけている。もし、核不拡散条約（NPT）再検討会議の過程がその困難を克服できないとすれば、より急進的なイニシアチブを求める政治意志が生まれるかもしれない。

その方法の１つは、1991年に「地球的行動のための議員たち」

(PGA) が召集した部分的核実験禁止条約の修正会議が、包括的核実験禁止条約の先駆となったのと同様の手順で、NPTを修正することである。NPT第13条は、いかなる条約加盟国も条約の修正を提案することができると規定している。加盟国の３分の１（約60カ国）が支持すれば、条約寄託国政府は修正を審議する会議を開かなければならない。行おうとしているのは軍縮の義務（第６条）を達成することを規定する修正である。この修正案を検討するための会議は、核兵器廃絶を討議事項とするような交渉の場となる可能性がある。そしてここには、全ての条約締約国に参加の義務があるのである。

もちろん、核保有国にとって、このようなイニシアチブは挑発的であろう。しかし、その可能性を討論していることが見えるだけでも、論争を刺激し運動を勇気づけるであろう。

❖「非核の傘」をひろげよう

非核南半球　いま、南半球のほとんどが非核兵器地帯の「非核の傘」でおおわれている。南アメリカ、南太平洋、アフリカ、東南アジアにおける非核兵器地帯の進展は、古くからの南極大陸の非軍事化とあいまって、南半球全体を非核兵器地帯にする機運をつくっている。

1999年12月、国連総会は、南半球にある非核地帯加盟国に対して、非核南半球の地位の確立を促進するとともに、各国間のさらなる協力を追求し実行することを求めたブラジル決議を採択した。これは、すでに存在する非核兵器地帯を連結させる可能性など、複雑な問題について検討を必要とするだろう。正式の取り決めは、国連海洋法条約も含めて、国際法に合致するものでなければならない。

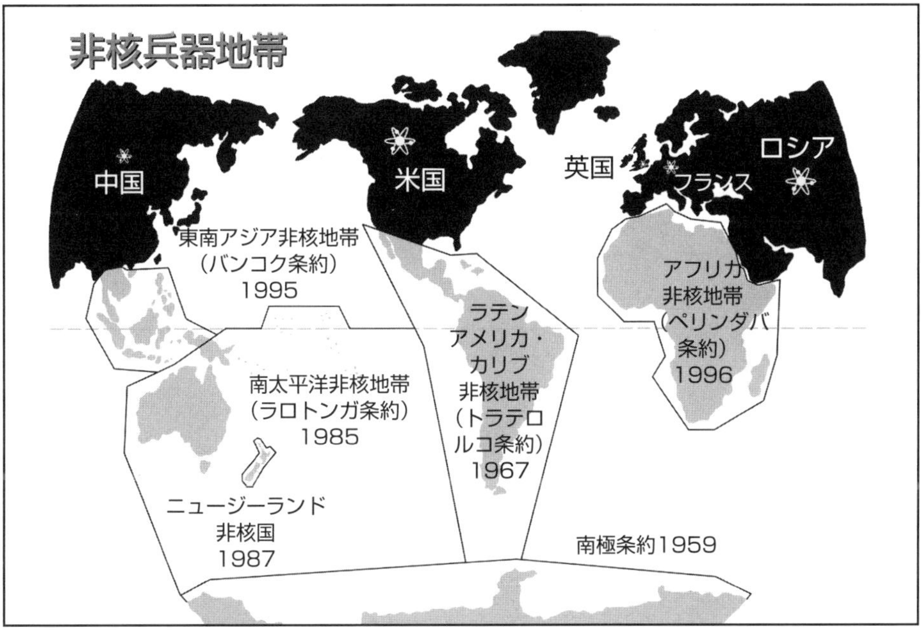

ニュージーランドが検討し、現在野党のオーストラリア労働党が支持している１つの選択肢は、南半球諸国が包括的な「南半球非核地位の宣言」を採択し、その中で、現在施行されている非核地帯条約に言及して、将来の協力のための一般目標と指針の概要を示す方法である。宣言には南半球の全ての国が核兵器を保有しないこと、赤道以南への核兵器の配備の禁止、赤道以南の標的に対する核兵器の使用および威嚇の禁止が含まれる。このような文書によって、核兵器のない世界を追求する南半球諸国の誓約を、いっそう明らかに表明することが可能になる。また、核廃棄物や高濃度の放射性廃棄物の投棄、それらの物質の南半球における輸送の禁止も検討できるであろう。南半球核フォーラムを設置することを通して、核軍縮と核不拡散へのアプローチを議論し調整する定期的な協議のプロセスが始まる可能性がある。

北半球での進展　中央アジア非核地帯の最近の進展は、1995年の東南アジア非核地帯条約（バンコク条約）後、核保有国を近隣にひかえながら、北半球にもこのような地帯を設けることが可能なことを示した。中央および東ヨーロッパ非核地帯は、NATOの拡大の問題でロシアに安心感を与え、ロシアがベラルーシやケーニヒスベルグに核兵器を配備するのを防ぐことができる。またそれは、核保有国が保有核兵器を廃棄するというＮＰＴ第6条の約束を西側が履行する上で、いい影響を生むであろう。

さらに、1992年以来、関心あるグループの間で、東北アジアに朝鮮半島と日本を覆う「非核の傘」をつくろうという話し合いが行われている。これに関連して、ヨーロッパのヨーロッパ安全保障協力機構（OSCE）をモデルにしたような東北アジア安全保障協力機構の設立も考えられる。

現在、朝鮮半島に存在する非核地帯化宣言が、その軸になるだろう。そして米国とロシア、中国の核保有国は、いかなる状況においてもその地帯内の国々に対しては核兵器の使用も、使用の威嚇も行わないという、消極的安全保障の確約を提供する議定書に署名するよう求められるだろう。代わりに非核保有国は、核保有国にならないために行った約束を再確認しなければならない。このイニシアチブの重要な目標は次のようなものである。

- 日本と韓国、北朝鮮間または日本と統一朝鮮間の核兵器競争を防止する。
- 地域の信頼醸成を育成するための第一歩として、非核地帯の実行を検証する仕組みをつくる。
- 地球規模の核軍縮に貢献する。

東北アジア非核地帯条約は、米国かロシアの「核の傘」の下に留まるか、核保有を追求するかという現在非核国の前に置かれている忌むべき選択に対し、いかにしてそれに代わる新しい道を提供するかの一例である。その条約はまた、両超大国の利益にもなるだろう。地域の緊張を緩和する力強い方法として、両国はこのようなイニシアチブを提示し、南北朝鮮の平和的統一を早めることによって相互の安全保障を固め、東北アジアの協力的安全保障の促進を応援しなければならない。さらに、このようなイニシアチブは国際政治における核兵器の重要性を軽減し、インド、イスラエル、パキスタンにしっかりと必要なシグナルを送ることになるであろう。

この東北アジア非核地帯の問題は、核兵器保有国の間で争いが起こるとしたら、もっとも可能性が高いのは東北アジアであるという現実からみると、さらに緊急性をともなう。米国、ロシア、中国のどの国もこの地域には大きな利害関係をもち、かなりの軍事力を置いている。それに加えて、朝鮮半島と台湾の将来、この地域の海域の天然資源と領海問題などを含めて、彼らと地域の同盟国の間には衝突の種が多い。

他に、緊急に「非核の傘」を必要としているのは中東であるが、その進展は西側とイスラエルの共謀によって阻まれている。

今後さらに発展させられる１つの有望なイニシアチブは、中央アジア非核地帯に関する国連交渉で、札幌市が交渉のための会議の場を提供するなど、会議の開催や資金面で日本が重要な役割を果たしていることである。東北アジア非核地帯の場合、軍縮に優れた実績をもち、関心は深いが公平な立場にある国——たとえば、オーストラリア、カナダ、ニュージーランド、南アフリカ——が、今後の交渉の主催者や仲介者になる機会がありうるであろう。

❖国連安保理常任理事国と核兵器を切り離す

さまざまな要素を勘案したとき、たとえばイギリスかフランスが核兵器を断念したとすると、それが、両国の国連安全保障理会の常任理事国としての席を確保する道になると思われる。なぜなら南アジアの核実験後、誤って受けとめられてきた常任理事国の地位と核保有とのつながりを断ち切ることが緊急に必要とされているからである。現在、この英仏２国が核保有を継続しようとしている明確な意図が、両国に対する世界の尊敬の念、ひいてはその地位をゆるがしているのである。

すでに、ドイツや日本のような非核保有国が、安全保障理事国の議席を得るべきだという考えは、広く行きわたっている。もし、同様の特権を得るためにインドが核兵器を断念するべきだという考えが支持を得れば、常任理事国と核兵器との結合はさらに弱められるであろう。これは、世界における英仏やヨーロッパの地位について、フランスとイギリス国内における考え方に影響を与えるであろう。

これに関連して、国際司法裁判所においても、15人あまりの裁判官の中で、核保有国が一人ずつの席をもっているという半永久的地位に異議を申し立てる必要性がある。

❖核抑止から非挑発的自衛へ

ニュージーランドは、核抑止のドグマへの服従からいかに解放されるかのモデルである。ロンギ内閣は、冷戦のさなかに自力でそれを行った。いまNATO加盟19カ国のうち、14の国と日本、オーストラリアが、新アジェンダ連合が提出した国連決議への反対を拒んでおり、他方、NATOの核政策見なおしも進んでいる。「考えられないことを考える」ための先例のない好機が訪れている。遅かれ早かれ、NATOが結束と有効性を保つためには「核の弾丸にかみつく」ような試練に耐えなければならないであろう。

非挑発的防衛への移行は、段階をおって行われてはじめて実行可能であろう。移行の決定的な第一段階は、核抑止を通常抑止に一時的に置き換えることによって、安全保障戦略を非核化することである。これによって、化学兵器で行われているように、全ての核兵器は検証可能な方法で退役させられ、核兵器禁止条約の条件にそって解体されるまで、国際的監視のある貯蔵庫に置くことが可能になる。

誠実に行われるためには、この条約の交渉のために、以前の敵対者のあいだの新しいレベルの協力が必要になる。通常抑止が軍拡を刺激する危険性があるということは、非挑発的防衛の原則を導入できるレベルまで交渉による信頼醸成が追求されなければならないことを意味する。これらの原則は、侵略者が安直に勝利を予測することを許さない能力をもつことと、しかし敵側の領土で攻撃的作戦を行う能力は極めて制約されていることによる戦争防止を軸に考えるべきものである。現在のところ、NATOは自らの姿勢を「自衛的」としているが、とくにNATO拡大後と旧ユーゴスラビアで暴力的に示されたような「人道的介入」の教義が登場しつつあることは、ロシアを威圧するものである。

❖NATOの非核戦略

非核の安全保障戦略の青写真を包括的に描く試みは、この冊子の範囲を越える。しかし、NATOがその核政策を見直している今、核兵器が役割を持たないようなより安全な戦略を、どうしたらNATOは組み立てることができるであろうか。これまで展開してきたような核抑止論批判を考慮すると、次のような理論と考え方が、論争を刺激するのに役立つと考えられる。

強靭な通常兵力をもち、政治的自信を持ち、重要な利益の防衛に固い決意をもっている西ヨーロッパは、核の恫喝を恐れる必要はほとんどない。核の恫喝は最悪だが遠い可能性でしかなく、別のもっと危険な最悪事態を起こす危険性をはらんだ核態勢の継続を正当化するほど重要なものではない。実際、キャンベラ委員会はこう結論づけた。

「永続的に核兵器を保持することの危険性は、核抑止に帰せられるいかなる利益の可能性をもはるかに越えて大きい。……冷戦の終焉は、国際的な行動が核兵器を廃棄する新しい環境、新しい機会を作った。それはすばやく利用しなければならない。さもなければ失われてしまう。」

通常兵器の優れた能力のために、米国の核兵器はもっとも必要性が少ない。したがって非挑発的で、非核のNATO防衛戦略への大胆な移行を進めることは、米国の安全保障の直接の利益となる。

NATOがこのような変化を生き残れないと考える者は、NATOが現在の核戦略をつづけながら、その結集を無期限に維持することができるかどうかよく考えるべきである。ソビエト連邦もワルシャワ条約も解体した。それればかりか、中立の元ワルシャワ条約加盟国からなる緩衝地帯がNATOとロシアの間に作られようとしたにもかかわらず、NATOは旧ドイツ民主共和国の領土と軍隊、ポーランド、ハンガリー、チェコ共和国を吸収した。他にも加わりたがっている国がある。

一方、チェチェンの大規模な内戦とは別に、政治・経済の崩壊が、ロシアの通常戦力に残されていた力も士気も衰えさせてきた。それではまだ足りないとばかりに、違法とも疑われる旧ユーゴスラビアへのNATOの介入は、米通常兵力の優れた技術力ばかりでなく、NATOの域外、それもロシアが歴史的に自らの影響力の範囲とみなしてきた地域で、米国が攻撃的作戦を展開したがっていることを示した。したがって、ロシアに対するNATOの圧倒的優勢な通常兵力にかんがみ、つぎのようなことが最優先の必要事項となる。

（1）ロシアが安全保障のためにより多く核兵器に依存しようとする誘因を取り除く。

（2）NATOが攻撃的意図をもたないという最大限の保証を提供する。

とくにこれは、可能性のあるあらゆる紛争から核兵器を除き、それによって、核兵器を問題の第一原因から安全保障の問題の解決と無関係なものにすることを意味する。

NATOが一方的に核兵器を断念したとしても、ロシアはNATOの抑止力によってNATO加盟国を攻撃することはないであろう。その抑止力は、精密誘導兵器を使用した大規模な通常火力をもって、いかなる通常攻撃や核の威嚇にも対応できるという、証明ずみの軍事力である。精密誘導兵器には、エレクトロニクスや通信を遮断したり、地下壕を破壊するのに使用することのできる、広範囲の特殊弾頭が含まれている。

ケン・ブースが言うように、NATOの非核防衛戦略は、10年か

みんなこっちへは来られないよ。悪者が必要なんだ。（マイク・シェルトンの厚意による）

ら15年かけて軍事計画の専門家との協議で作成されるべきであろう。変化する脅威の性格や発達する兵器の性能とともに、答えは変化するであろうから、教義の綿密な作成作業は、必然的に動的な問題になるであろう。

これらの要因を考慮に入れて、ここにNATOの非挑発的・非核戦略への望ましい方策の概略を挙げる。

（1）**米国とロシアの核戦力の警戒態勢を解除する。**先に述べたように、NATOはロシアの軍事力の劣勢につけ込む意図はないことを、ロシアに再確認することが緊急に必要である。そのためには、米国は直ちに自国の核戦力の警戒態勢を解除し、ロシアに対しても、相互検証のもとに同様の行動をとるように働きかけるべきである。

（２）**NATO配備の核兵器を撤去する。**現在のところ、NATOはベルギー、ドイツ、ギリシャ、イタリア、オランダ、トルコ、イギリスに約150発の米国のB61自由落下型核爆弾を配備している。これに加えて、NATOはその新戦略概念で、「少数のイギリスのトライデント核弾頭」がヨーロッパにおけるNATOの戦略以下の態勢の一部であると述べている（第４章参照)。B61は米国に送還すべきである。米国とイギリスの戦力はもはやNATOに配備すべきでなく、NATOの核戦争計画も取り下げるべきである。

（３）**戦術核兵器条約を締結する。**上記（２）に関連して、米国とイギリス、フランスは、1991年〜92年に行われた全ての戦術核の、船舶と航空機からの、相互調整された一方的な撤去を公式のものにする法的拘束力のある条約の交渉を、ロシア、中国と行うべきである。条約では、他の全ての戦術核も加えるべきである。

（４）**中央・東ヨーロッパに非核地帯を設置する。**前述の事項に関連して、中央・東ヨーロッパに非核地帯を設置する条約の交渉も同時に進められなければならない。それはロシアと、そして長年のあいだ核戦争の舞台となることを怖れていた他の旧ワルシャワ条約加盟国の双方にとって、重要な信頼醸成の手立となるであろう。

この提案については、西側最高のロシア通の一人であるジョージ・ケナンの、ロシア人との接し方についてのつぎの注意を考慮すべきであろう。

「とりわけ認識しなければならないのは、彼らも内心わかっていると思うが、先進工業国どうしの戦争は、もはやこの高水準の技術と膨大な破壊能力の時代には、誰にとっても受け入れられる選択ではないということ。したがって必要なのは、大国の威信のかかった力関係に必然的に影響を与えるような思想や利益の衝突を調整する他の手段をみつけることである。」

以上の提案は適切な変更を加えれば、日米、米豪（アンザス）の安全保障条約に応用できる。日豪いずれも、米国のいわゆる「核の傘」のもとで拡大核抑止に忠誠を誓っている国であるが、このような移行は、両国にとってはもとより、核保有国にとっても安全保障上の利益にかなうはずである。またこれは、選挙で人気を博する政策でもある。というのは、この移行によって、安全保障政策が道徳、国際法、そして世論に、より沿ったものになると思われるからである。

❖「だまして核保有することを止められるか」

核兵器は主に大国が所有している。そこで、それらの国が人類に対する核兵器の脅威を取り除こうとして、他の圧倒的多数の国々と行動をともにしようと決意したときには、当然、安全保障に対する新しい道が開けることだろう。世界は、ある種の政治体制やテロリスト集団を数発の核の保有に駆り立てるような不安定の根本的原因に対して、より積極的に、また組織的に取り組むようになるであろう。

核兵器の地位は、「財産」のイメージから、烙印を押された「負債」へと変わっているだろう。それは、化学兵器や生物兵器と同じか、もっと悪いものになっているだろう。そのように変化した状況における核軍縮の過程は、もはや、だれかが「万一のために数発隠しておく」ことがないように確かめる、などといった考え方の基盤の上では行われないだろう。そうではなくて、保有国が自国の安全保障の強化のために核兵器廃絶の交渉を行っている状況であろう。——それはたとえば、地震の後に来たレスキュー隊が、埋もれた生存者の上に崩れ落ちないように注意しながら瓦礫を取り除かなければならないのと似ている。とくに核の恫喝については、核兵器による報復で威嚇することでは対処できないことが、はっきりと理解されていることだろう。

検証の役割の重要性　核軍縮の過程でもう一つ重要なのは検証である。パトリシア・ルイスによると、約束の遵守をチェックする行為は、情報を豊富にするだけでなく、かつて敵対関係にあった国の軍人同士のあいだで互いに影響を与え合う。また、相手について従来よりもはるかに信頼度の高い能力評価を行う機会が生まれ、両国の間に信頼が増し、相手を絶滅することなど考えられない状況に移行することになる。実際、彼女は、信頼醸成こそが、結局は唯一でもっとも重要な検証の役割になるであろうと予言する。

「我々は、核戦争の威嚇を安全保障とする立場から、検証を安全保障とする立場へ移ることができるでしょう。」

核兵器のない世界を破る行為は、大きな世界的憤りを買うであろう。それに対しては、湾岸戦争規模の通常戦力による介入もありえようし、経済的孤立も考えられる。したがって、そういうことをしようとする政治的ないし軍事的誘因はなくなるであろう。また、検証や強制の制度が整うにつれて、そのような行為が行われる危険は減少するだろう。しかも現在の政策で、核の恫喝を避けることがほとんど不可能であるのに比べれば、核のない世界ではそのような危険は最小になる。

❖永続する核兵器のない世界

上記の提案は全て緊急の応急措置である。永続性のある核兵器のない世界を実現するためには、新しい世界秩序が必要となる。国連安保理事会の５常任理事国は明らかに国連組織を乱用している。現在の国連は、国民国家がもっている国家主権最優先という分断的な、しかもおかしくなる一方の、19世紀の概念を中心に構成されているために、欠点だらけである。

リチャード・フォークは、(早くも1985年に) 我々がポスト核時代へと安全に移行するとすれば、いかなる道があるか、かいま見えるビジョンを描いている。

> 世界から核の脅威をとり除くためには、現代国家を転換する必要がある。そのような転換なしには、武器によらない抑止や防衛的安全保障の態勢という提案は、いかに意図が立派でも、将来の競争相手に対して優位に立とうとする、より力の強いエネルギーによって常に払いのけられるであろう。
>
> このような形の政治的支配に挑むためには、奴隷制や王制、植民地主義に対抗した過去の運動の場合に匹敵するほどの、新しい世界秩序のための戦闘的な闘争を辞さない社会運動が必要である。
>
> これらの過去の運動は、弱々しく見えたにもかかわらず成功した。戦闘的闘争だけでは十分ではなかった。強大な忍耐力とともに、約束の国のビジョンをもった指導者が必要であった。同様に重要なのは、古い秩序の信用をなくさせ、それを維持しつづける

ことが非実用的であり、不恰好にみえるような状況であった。……過去のこのような経過は、それが戦争のシステムの課題に類似しているからではなく、社会的意識と歴史的文脈の変化によって、我々に何ができるかという意識がいかに急激かつ根本的に変わり得るかを示している点で、勇気づけられるのである。

核抑止は、制度上、思想上それを支えているものとともに、今日の現実主義者の想像力を支配している。しかしそれは、核抑止が将来の可能性の範囲を枯渇させてしまったことを意味するわけではない。

現段階では、もう１つの世界秩序のシステムの青写真はそれほど重要ではない。もっとも必要とされているのは、平和、経済的安定、人権、そしてバランスのとれた生態系などの価値を基盤とした新しい市民意識の伝統である。そのような市民なら、戦争の理論に挑戦し、社会が国を管理するのであって、その反対ではないように、民主主義に活気を取りもどすことを追求するであろう。社会と人類にとっての別の新たな未来のために献身する市民巡礼の姿が、我々に可能な唯一の現実的方法でもってこの歴史的挑戦に立ち向かう。もちろん、そのような巡礼の船出に、ドラマティックで手っとり早い、あるいは確実な結果は約束されていない。しかし、深い洞察力を持った政治指導者ならだれでも理解しているように、いくら緊急性を訴えても忍耐が必要なことに変わりはない。我慢強さは最高の革命的徳である。

新しい世界秩序の追求は、希望的観測に導びかれたセンチメンタル・ジャーニーであってはならない。戦争を起こしたり国際政治が生まれる文脈を作るような、実際的な、経済、文化、技術の力が存在する。これらの力の総合的な結果として、戦略的戦争行為を、その準備も含めて、強者にとってさえ、理性を欠いた行動にしてしまう。手段が目的につながるとは限らないのである。
(『軍事的論理からの解放』1985年)

❖安全保障を再考する

1989年のベルリンの壁の突然の崩壊はあまりにも意外だったので、ヨーロッパ内外の安全保障の構造が受けた衝撃はいまだに十分には理解されていない。それは、さらに意外なことが起こる可能性を含んだプロセスの引き金をひいた。ブースとウィーラーはつぎのような評価を提示した。

「(ヒトラーと対決し、冷戦を生きぬいた) 軍事力のパワー・ポリティックスが支配する現実主義者の世界では、威嚇は対抗する威嚇に会い、敵意ある軍事力増強は軍備競争に、同盟は対抗的同盟に会う。……いま問題になるのは、どんな戦略ゲーム、そして新ルールを、複雑な相互依存の世界のための教訓とすべきかである。この世界はいま、資本主義の勝利、多極化した政治経済の出現、変わらぬ大戦争の可能性と、にもかかわらず、時代遅れになってしまった戦争の機能、そして増大する生態系への危機意識――に特徴づけられている。」

ブースとウィーラーは、全ての核保有国と、そして彼らと張り合おうとしている者のために、核のオーバーキルではなく、経済力こそが交渉のテコとなる、という強力な論点をつけ加えた。

私たちは伝統的に、安全保障を軍事力と等価に見るように教えられてきた。そしてチェルノブイリの一撃があった。ハリケーン、洪水、旱魃が荒廃をひき起こした。サダム・フセインはクウェートの油田に火をつけた。民族紛争が噴出した。「国の安全保障」の追求は、さらなる不安全を獲得しただけだった。その理由は、私たちが他国を威嚇するために防衛基地を置けば置くほど、他国が私たちを手本にする可能性がそれだけ増すからである。そして核兵器の場合、敵を作ることは、私たち全部の運命を決めることになる。

私たちの安全保障が受ける多くの脅威は、軍事的手段ではますます解決できないようにみえる。伝統的な紛争処理の方法は、常に高くつき、非生産的である――旧ユーゴスラビアやチェチェンを見ればわかるであろう。現代の軍事技術は「自国」だけの防衛を不可能にしている。たとえ相手が敵であっても、今や安全保障は相互協力に依存しているのである。個人、国、そして人間社会全体の安全に影響する問題は、国境を越え、安全保障の概念を広げる――軍備競争、債務、環境汚染、地球温暖化による海洋水位の上昇、貧困、抑圧、犯罪そして疾病。さらには、軍事費と武器売買の増加が飲料水、食物、住居、保健、雇用、教育などの基本的必要性に向けられるべき資源を浪費する。無原則な武器の売り込みが地域紛争の原因となって、それを煽る。難民が流入し、隣国がまき込まれる。

これにとって代わるのは、安全保障を軍隊の「勝敗」ゲームとして見るのではなく、全員にとっての「セーフティー・ネット」として見ることである。それは、私たちが安全にとって共通に必要なものを分かちあっていることを認めるものである。それは、人間的必要性に応えることであり、私たちの不安全の根本原因と格闘することである。協調的な地球的行動こそが、生物圏を破壊から救う唯一の方法である。冷戦時の同盟が時代遅れで対立的なのは、このためである。行く手に待ちうける破滅から逃れるために、私たちはいま、みんなが同盟をむすばなければならない。実際、これはすでに始まっている。国と国民の安全保障、彼らの経済的安定、人権、社会正義、そして環境保護を形づくる重要な決定は、ますます数多くの国際機関によって行われ、具体化されていくであろう。

共通の安全保障の復活　第２章で触れたように、共通の安全保障、あるいは協調的安全保障の概念は、スウェーデンのオロフ・パルメ首相によって創りだされた。1982年に、同首相の名前を冠した委員会が次のように報告している。

「核抑止論は、核戦争に対して非常にもろい防護しか提示しない。したがって、相互抑止論を置きかえることが、至高の重要性をもっている。我々の代案は共通の安全保障である。……国際的安全保障は相互の威嚇に基づくのではなく、ともに生きるという誓約に基づくものでなければならない。」

冷戦終結の少し前、ミハイル・ゴルバチョフは共通の安全保障の考えを抱いた。それはもう１つの安全保障戦略についての関心を高め、これを受けた研究が行われはじめた。しかし、ゴルバチョフの失墜とともに、核擁護派の原理主義者が手を組み、再び核による支配を主張した。改革されない国連では、国家主権が進歩の決定者であり続けるし、公認された核保有５カ国が安全保障理事会の支配を通じて、圧倒的多数の加盟国の意思をつぶすことができる。そういうわけだから、1980年代と同様に、新しい安全保障の考え方のイニシアチブは市民社会の中から生まれる必要がある。しかし今度は、同じ志をもつ政府と緊密なパートナーシップのもとに行動するのである。これは、世界法廷プロジェクト、対人地雷禁止運動、国際刑事裁判所設立運動などで、すでに心強い成果を生み出している。

ニュージーランドの姿勢　一方、アンザス（ANZUS）の核政策についての見解の相違にもかかわらず、ごく最近のブーゲンビルと東チモールで見られたように、ニュージーランド軍とオーストラリア軍は地域の平和維持任務を協調してつづけている。ニュージーランドと南アフリカは、新アジェンダ連合の指導的メンバーである。新アジェンダ連合は、対立の多かった冷戦時代の国連の交渉ブロックを打破して生まれたもので、現在60以上の国の支持を得ている。これは、核軍縮における緊急の危機に対処する勇気ある建設的イニシアチブを通して、掛け橋となったり、信頼と敬意を形成することに力を注いでいる。

さらに、ニュージーランドが国連の任務のために平和維持の専門部隊を派遣したり、南太平洋の島しょ国で仲介役を果たしている経験は、自国が負担することもできない高度の軍備を一式もつことを考えるよりも、はるかに高い国際的信頼と真の安全保障を勝ちとってきている。ニュージーランドの安全保障の姿勢は、同盟を脱し、最小限の非挑発的防衛を実践し、国連を通した国際法の強制に依存し、軍の装備調達から平和維持や調停技術の訓練に予算を振り向けつつ、進化している。

❖まとめ

核抑止のドグマが私たちを追い込んでいる深い淵から抜け出る道は、確かにある。核兵器が負債であり安全保障の障害物であるなら、その鍵は、核軍縮を信頼醸成と安全保障育成の過程の一部としてとらえることである。

短期的には、有効で安全な代替戦略としての通常抑止を推進する必要があるだろう。これによって核兵器を検証可能な形で退役させ、核兵器禁止条約のための交渉を開始することが可能になる。核兵器禁止条約は核兵器ゼロに至る包括的で強制力のある計画を定める。以前の敵と誠実に交渉を行うプロセスそのものが、古い偏見と固定観念を取り除き、新しい安全保障の考え方を育てる機会を生み出すのに役立つであろう。

一方、非核地帯の「非核の傘」のひろがりが北半球でも力強く推進されれば、自己抑止を強化し、核兵器の重要性を低減するのに役立つであろう。とくに国際的な紛争地点ではそうである。

できるだけ早く非核の戦略を採用することが、NATOの安全保障にとっても直接の利益となる。そのような戦略の概要はすでに提出されており、これは、日米安保条約や米国とオーストラリアとのアンザス条約の非核化のために適用できるものである。

いったん指導的立場にある核保有国が保有核兵器を放棄することに同意すれば、「掟やぶり」の問題が起こる可能性は減少し、その防止もより容易になる。その場合、検証がきわめて重要な問題になるだろう。検証はその過程で信頼醸成を助け、騙しの機会を最小にする。

そして――永続性のある核兵器のない世界を建設するためには、1990年代に同志国家とのあいだに築いたパートナーシップの成功例に基礎をおきながら、市民社会が率先して、世界の安全保障問題に非挑発的防衛と共通の安全保障の概念を適用するリーダーシップをとらなければならない。

第８章――――
結論

不幸なことに、いったん数百万人の「他人」の絶滅を制止する良心のためらいを放棄してしまうと、「自分自身」を守る手段もほとんど残らない。脅威は、新しいえせ科学――権力に奉仕するシンクタンクや学術研究所が作ったゲームの理論やその他の未来学によって編み出されたえせ科学――によって支えられた。核「戦略」は――多くの人が言葉の矛盾と認識しているが――まさに陳腐の最たるものとなった。個人の良心が、またしても国の政治によって危機に投げ込まれた。

ジョナサン・シェル

私が核擁護の洗脳状態から脱することになった一つのきっかけは、ケン・ブースが簡潔に述べている次のパラドックスであった。

「人間の本性の攻撃的な面と、人類がたどってきた暗い歴史をだれよりも理解していると自負する『現実主義者』が、我々の無限の合理性、国家間の運命を制御する我々の無限の能力、さらに我々の無限の幸運に対して、これほど徹底的な信頼を表明するのは、控えめに言っても奇異である。」

1998年、インドとパキスタンはその現実主義者たちの構想の根拠を揺るがした。要するに、未来は２つの決断のどちらかを選ぶところにきている。核兵器の永続化か、廃絶か。キャンベラ委員会は、核廃絶こそがより安全な選択である、という明快な結論を出した。

おそらく歴史は、核兵器には１つの役に立つ効用があったことを明らかにするだろう。それは、われわれに恐怖を与えることによって、自らを傲慢にもホモ・サピエンス（叡智のヒト）と呼ぶ種にふさわしく、できるだけニヒリスト流でない紛争解決の方法を選ばせたことである。核保有国は、安全保障の「担保」として、この身の毛もよだつ装置を使用するという威嚇を続ける限り、他国が彼らの利己的で無責任な手本を模倣したとしても、文句を言える立場ではない。遅かれ早かれ、核抑止論は崩壊するだろう。

マイケル・マクグワイアが述べているように、核抑止論は、ドグマとしてあまりにも理論的に細分化され、入り組んでしまったので、同じことを主張しながら反対の結論を出すことが可能なほどである。核抑止論はまた、平和の維持や戦争の抑止というような、単純な目的にも変質させられてきた。その単純な形式と複雑な形式の組み合わせによって、核抑止論は国家宗教にも匹敵するような知的、倫理的権威を獲得してきた。

実際には核抑止論は、軍備競争をあおり、軍縮交渉への偏執症的な対応を招いて、国際間の緊張を増大させた。核抑止論のドグマは自らが阻止しようとするものよりもさらに大きな悪によって脅すという、そのやり方において、「目的が手段を正当化する」という考えに通じる。保有核兵器の増大に伴って、ソビエトに対する目に見える形の脅威が、人類の生存を脅かす目に見えない脅威に進化した。西側が自らの完全な安全保障という妄想を追求するうちに、抑止論のドグマは世界を危機に陥れることを道徳に仕立てた。

世界にとって幸運であったのは、西側の敵がソビエトであって、鏡に映った米国ではなかったことである。NATOとは異なり、ソビエト政府は核の脅威の再評価を行った。すでに1959年までに、ソビエトは、危険なのはアメリカに率いられた資本主義国家連合による計画的攻撃ではなく、偶発的戦争であると判断していた。当然のことながら、偶発的戦争は抑止できないものであったが、政策を正しく組み合わせることによって、回避できるかもしれないものであった。

1996年の国際司法裁判所の勧告的意見は、事実上、核抑止論の合法性について深刻な疑問を投げかけ、歴史の流れを変えた。核政策の合法性をめぐって被告席に立たされたのは、どの核保有国にとっても、おそらく初めてのことであった。５つの国連安保理事国は、生物・化学兵器の非合法化に合意しており、それゆえに、もはや、核兵器の使用はもちろんのこと、核兵器による威嚇を合法だと主張して逃れることは許されないにちがいない。江沢民中国主席は1996年6月、核兵器禁止条約の交渉開始を要求したとき、快くこれに同意し、つけ加えた。「この目的を達成するために必要なのは、強い政治的意志だけである。」

核抑止論の正体が明らかになると同時に、早くも別の考え方が登場した。他の戦略ならどんなものでも、もっと安全に違いないという認識である。冷戦終結後、核擁護の原理主義者たちは核兵器の新しい役割を見出そうと努めたが、それは核抑止論に問題があるのではないかという彼らの不安の表れであった。コンピューターの2000年問題は、米ロによる核の少数支配が、全人類と地球を犠牲にして、どこまで神話を守り続けようとしているかを試す機会となった。

核抑止論に代わる短期的代替策としては、通常兵器による抑止がより危険性が少なく、信頼性の高い方法として推奨される。そのために最優先すべき緊急の課題は、核不拡散体制がこれ以上瓦解しないうちに決定的な移行ができるように、西側同盟諸国が政治的、経済的、および通常軍事力において充分な力をもっているあいだに、その安全保障戦略から核を排除することである。これについては、現在行われているNATOの核政策見なおし議論の中でさまざまな案が提起されており、それは日米、あるいは米豪間の同盟にも応用できるよう修正することが可能である。一方、核兵器禁止条約の実現に向けて、市民社会は再び最終的な圧力をかける運動を起こさなければならない。しかし今回の場合、それは、圧倒的な世論に支えられた勇気ある同志国家の政府グループと緊密なパートナーシップを結んだ上で行われる必要がある。その同志国家の数は、ますます増えつつある。

強制力を持った世界的規模の条約を実施するためには、冷戦時代のかつての敵同士が、前例のない協力関係をもつことが必要となるだろう。まさにここで、オロフ・パルメによって切り開かれ、ミハイル・ゴルバチョフが果敢に擁護した、地球規模での共通の安全保障の思想が、恒久的な核兵器のない世界を達成するために不可欠なものとして適用されるであろう。ニュージーランドは核抑止論への服従から脱却し、アジア・太平洋地域の近隣諸国との信頼醸成をとおして、真の安全保障を達成するという道筋を示した。ニュージーランドはまた、国連で、冷戦時代の古い交渉ブロック間の橋渡し役をする新たなグループを通して、その実績を核軍縮に応用しようとしている。

50年もの間、私たちは核抑止論の催眠術にかかって核の深淵の縁に立たされてきた。その深淵から引き返す道を見出すことは容易ではないだろう。ジョナサン・シェルは、何が問題か、なぜ私たちが今こそ「核の王様は裸だ」と叫ばなければならないかを、歴史的眺望の中で示している。

「確実らしく思えるのは……1990年代に回復を誇った自由主義の秩序が、自らの生き残りの条件として諸民族を滅亡させるという脅しを放棄することができないなら、21世紀にどこかで野蛮な行為がよみがえったとき、それに反対しても勝ち目はないだろうということである。私たちが1945年をやり直せないうちは、どの年も——1991年にしても、2000年にしても、また2050年にしても——1914年（訳者注：第一次大戦勃発の年。ジョナサン・シェルはこの年が、真に19世紀が終わった年ととらえている）をやり直したとは言えないであろう。これから私たちが直面する他のどの決定よりも、1945年の決定が、私たちが何者であるか、何者であるべきかを決めるだろう。そしてまた、真実の20世紀の歴史の最後の一行が正直に書かれるまさにそのとき、私たちが何者になっているかを決めるだろう。」

補章――――
問われる日本

梅林 宏道

❖日本の政策のなかの核抑止

インド、パキスタンの核実験以来、日本の外務省の軍備管理・軍縮担当者と会話する機会が増えている。そんなとき役人の地位や顔ぶれが変わっても、同じたとえ話や表現に出会う。彼らが共通の理論武装をしていることを窺わせる。

「核兵器は実際有効なんですね。サダム・フセインみたいなのがいるから。フセインが湾岸戦争で化学兵器を使えなかったのは、アメリカの核が怖かったからです。」

「日本ほど、無防備で、侵略して美味しい国はない。核の傘を否定するのはまったく非現実的な話だ。」

「被爆者のお気持ちはよく分かる。私たちも核の悲惨さは充分承知しているつもりだ。しかし、この世に核がある限り、私たちは核から日本を守る責任を負っている。」

湾岸戦争においてイラクが化学兵器を使わなかったのは、核抑止が働いたためだとする説について、本書は、当時の在イラク国連特別代表部のエケウス委員長の言葉を引用し、すでに反論をしている(88ページ)。さらに言えば、米国の本格介入を誘うことを知りながら、イラクがクウェートに侵攻したこと自体、米国の核抑止が機能しなかったことの証明であろう。

２番目の時代錯誤の脅威認識は、あまりにもお粗末だが、かりにそのように近隣諸国からの侵略の脅威に曝されているとすれば、それは日本の近隣外交の根本的な失敗の証明であろう。このように、「拡大抑止」（核の傘）で相互不信をさらに募らせるのでなく、地域安全保障の協調的アプローチを明確に選択することこそ解決の道でなくてはならない。これも本書に流れている基本的主張の１つである。

３番目の「被爆者の気持ちは分かる」という日本政府の言葉ほど、ときに腹立たしいものはない。被爆の実相を知る者の最低限の倫理的出発点は、「核兵器を戦争に使ってはならない」ということである。再びどこかに被爆者を作るという前提に立った核抑止外交は、「被爆者の気持ちが分かる」者のすることではない。見方を変えれば、日本政府は被爆者の苦しみを、本書で言うところの「核抑止の信頼性」のために利用しているとも言える。被爆の惨状を充分に知っているということは、その知識によって、核が実際に使用される可能性と使用されたときの効果の「信頼性」を確信していることにもなるからである。

日本の公式の安全保障政策のなかで、核抑止は次のように登場する。

「核兵器の脅威に対しては、核兵器のない世界を目指した現実的かつ着実な核軍縮の国際的努力の中で積極的な役割を果たしつつ、米国の核抑止力に依存するものとする。」（「平成８年度以降に係わる防衛計画の大綱」第Ⅲ章〈我が国の安全保障と防衛力の役割〉1995年11月28日）

これを受けて、日米防衛協力の新ガイドラインは次のように述べている。

「米国は、そのコミットメントを達成するため、核抑止力を保持するとともに、アジア太平洋地域における前方展開兵力を維持し、かつ、来援し得るその他の兵力を保持する。」(「日米防衛協力のための指針」第Ⅲ章〈平素から行う協力〉1997年9月23日)

これらの文書から明らかなように、核抑止への依存の論理構造は、日本が防衛政策のもっとも基本である大綱において「米国の核抑止力に依存する」ことを決定し、米国が日米共同の文書においてそれを約束しているのであって、その逆ではない。

冷戦時代はともかくとして、少なくとも現在においては、論理構造だけではなくて、実際において日本の方から「拡大抑止」を米国に求めている比重が大きい。米国は、米軍のアジア太平洋への前方展開の拠点として日本を確保するために、核兵器における日本の米国依存を利用したいであろうし、また、日本自身が核開発に走ることを阻止するという狙いももっているであろう。しかし、多くの日本の市民が、米国の核戦略のために、日本はしぶしぶ米国の核を押しつけられている、と理解しているとすると、それは間違いであろう。元凶は日本自身なのである。

❖「核の傘」と核軍縮の矛盾

インド、パキスタンの核実験に対して日本政府が強い抗議をしたとき、日本が自国の安全保障のために米国の「核の傘」が必要だといっている限り、抗議に説得力はないという、当然の批判が起こった。「核の傘」のないインド、パキスタンが、同じ理由で独自の核をもってなぜ悪い、という理屈になるからである。

それに対する日本政府の反論は、「インド、パキスタンはＮＰＴ体制に入っていないことが非難されるべきである。日本は、ＮＰＴに入って核武装しないことを国際的に公約し、そのうえで核軍縮努力をしているのだから、インド、パキスタンと同じにならない」というものであった。

日本政府のこの議論の論理的帰結は、「インド、パキスタンも、安全保障に不安があれば、日本と同じようにＮＰＴに加盟して、どれかの核兵器保有国の核の傘に入ればよい」ということになるであろう。この議論は少なくとも、２つの点で論理的に破綻している。それは、日本政府の「核の傘」政策自身の破綻でもある。

まず第一に、「核の傘」政策と核軍縮推進政策とのあいだには正面衝突するような矛盾がある。ある国が「核の傘」を求めるということは、仮想敵に核攻撃の標的を定め、標的を破壊するに足る数の核弾頭を維持するよう核兵器国に要求することを意味する。地域的な不安定を抱える多くの国が、日本と同じように核の傘を求めるとすれば、それらの国に特有の標的の設定とそのための核弾頭を必要とする。たとえば、日本の「核の傘」の約束を果たすために、米国が朝鮮民主主義人民共和国（北朝鮮）に30カ所の標的を定めるとする。１つの標的に３つの弾頭を当てると言われる米国の標準にしたがえば、米国は日本のために約100個の核弾頭を維持しなくてはならない。

標的問題の専門家である米国のＮＧＯ「国防情報センター」のブルース・ブレア所長は、1995年から2000年の間に米国の核兵器の標的数は2500から3000へと増加したと書いている（『マンチェスター・ガーディアン』紙、2000年６月16日)。「弾頭を減らすためには、標的を減らさなければならない」という当然の結論を、ブレアは述べている。このように核の傘を核兵器国に求める政策と核軍縮を同時に求めることは、直接的な論理矛盾をきたす。「核の傘」は核保有そのものと同じくらい核軍縮を破壊する。

第二に、本書で書かれているように（80ページ）、「核の傘」は核戦争を吸い寄せる避雷針となる。インド、パキスタンが、たとえ核保有せずに、安全保障のために「核の傘」に入ったとしても、印パの対立は核の対決となり、衝突は核戦争になる可能性をはらむ。つまり、「核の傘」であろうと、通常兵器の対決を核対決に変えてしまうことに変わりがない。日本政府の理屈は、南アジアの緊張を、既存の核保有国のあいだのにらみ合いにエスカレートさせることを推奨するようなものである。明らかに、「核保有」も「核の傘」も同じように核のエスカレーションをもたらす。したがって日本政府は「核兵器への依存をするな」と言う他に道はないのである。当然、その言葉は自分自身に返ってくる。

このほかにも、グリーンが本書で触れているように、そもそも「核の傘」の信頼性の問題がある。核兵器国は自国が直接関係しない紛争において、自国への核攻撃を誘発するような核攻撃を同盟国のためにするとは考えられない、という問題である（３０ページ）。ここでは、これ以上くり返さない。

さらに、日本の「核の傘」が核軍縮に矛盾するどころか、核兵器の延命と増強に手を貸す危険があることに注意を喚起したい。それを説明するために、「新アジェンダ」グループと日本の関係について論じる。

❖「新アジェンダ」への参加を断った日本

1998年6月に、アイルランド、スウェーデン、スロベニア、ブラジル、メキシコ、南アフリカ、エジプト、ニュージーランドの8カ国が、「核兵器のない世界へ――新しいアジェンダの必要性」と題する声明を発表して、核兵器廃絶運動に勇気ある一石を投じた。このうちスロベニアは、後に西側核保有国の圧力で撤退したが、残る7カ国は「新アジェンダ」と呼ばれる国家群を形成して、多国間交渉の場で力強い働きを続けている。

「新アジェンダ」グループ発足の前に、日本政府にも参加を求める誘いがあった。しかし、日本は考え方が違うとして参加を断った。その後の、国会での議論、多国間協議、私たち市民団体との協議を含むさまざまな会議での日本政府の説明によって、不参加の理由は、次の2点に大別できる。いずれも、日本政府の核抑止依存の政策と密接に関係する。

第一の理由は、「新アジェンダ声明」（全文は「ピースデポ」発行の年鑑『核軍縮と非核自治体』1999、同2000に掲載）に盛り込まれている要求のいくつかが、日本の政策に合わないことである。具体的には、核兵器の第一使用（先制使用）をしないことを核兵器国に求めていること（第14項）、核兵器禁止条約の必要性を示唆していること（第17項）などが挙げられている。

第二の理由は、核兵器国に対決的な姿勢が強すぎるという日本政府の懸念である。日本政府自身が具体的に指摘していないので推定するより他に道がないが、たとえば、「彼ら（5核保有国とインド、パキスタン、イスラエル）が保有する核兵器および核兵器能力を、迅速に、最終的に、完全に廃絶することを明確に誓約しようとしないことについて、われわれはこれ以上容認できない」(第４項）というような文言を指すものと思われる。日本政府は、核兵器国はそれなりに核軍縮をよくやっている、という立場をとってきたからである。

この点について、「新アジェンダ」グループが表明している核兵器国に対する苛立ちは、ほとんどの市民が納得できるものである。しかもそれは、現時点でもまったく妥当な苛立ちである。「新アジェンダ」グループの奮闘のお陰で、2000年ＮＰＴ再検討会議で「核兵器国は保有核兵器の完全廃棄を達成するという明確な約束」を行った。これは、１つの大きな前進であったが、その交渉の過程で「2000年から2005年までの再検討期間において加速された交渉にとり組み」という原案にあった文言を削ることによって、核兵器国はやっと妥協したという経緯がある。核兵器保有国は、迅速な核軍縮に強く抵抗しつづけており、日本政府の認識は、核抑止依存国の偏った認識であると言わざるをえないであろう。

ここで、日本の抑止政策に関連して注意を喚起したいのは、第一の理由のなかにある「第一使用（先制使用)」についての日本の態度である。日本政府は、米国の「核兵器を先に使う」選択肢が確保されて初めて、核抑止力は信頼性をもつと考えている。その結果、第一使用を否定する「新アジェンダ声明」に参加することを拒否したのである。さらに議論を進めて行くと、日本政府は、核保有国同士の核使用について「先に使う」選択肢を求めているだけでなく、本書でも指摘されている米国の最近の抑止政策をまねて、北朝鮮の化学・生物兵器に対して米国の核兵器の第一使用を考えていることが明らかになってきたのである。このような考え方が、およそ実際的でないこと、また危険であることは、すでに本書に書かれているのでくり返さない（82ページ）。

重要なこととして指摘したいのは、この考え方は日本の「防衛計画の大綱」にすら違反していることである。前述したように、大綱は、「核兵器の脅威に対しては、……米国の核抑止力に依存するものとする」と書いている。つまり、大綱における核抑止は核兵器の脅威に対抗するものであって、核兵器以外の兵器を想定したものではない。大量破壊兵器と一括されるが、核兵器は他と峻別されるべき最大の無差別大量殺戮兵器であるという認識が、基底にすえられなければならないのである。

日本政府が、このように核兵器の役割を拡大することに一役買うとすれば、日本は、すでにあやしくなっている「核軍縮」の唱道者どころか、「核拡散」の唱道者になりさがることになる。それはつまり、核兵器が有用な軍事・外交の道具であるというメッセージを被爆国から世界に発信することになり、核不拡散条約の土台を崩壊させることになるであろう。

❖核兵器の役割の縮小——東北アジア非核地帯へ

2000年ＮＰＴ再検討会議の最終文書に、日本の核抑止政策が直接問われるような内容が含まれている。それは、「安全保障政策における核兵器の役割の縮小」という合意である。その項目の全文は「核兵器が使用される危険を最小限に押さえるとともに、核兵器の完全廃棄の過程を促進するために、安全保障政策における核兵器の役割を縮小すること」というものである。全会一致で採択されたこの合意は、核兵器国のみならず、核兵器に依存しているすべてのN

ＰＴ加盟国に課せられた新しい約束である。もちろん、日本も例外ではなく拘束される。

核軍縮を求める運動や核兵器廃絶運動は、核保有国に対して向けられる運動であると理解されがちである。それが大切な要素であることは間違いない。しかしそれに加えて、日本の市民は自分たちの政府に実行を迫るべき、はっきりとした課題を背負ったことになる。2005年に開催される次のＮＰＴ再検討会議までに、日本は、米国の核抑止力に依存した日本の安保政策において、どれだけ「役割の縮小」ができたかが問われることになる。

東北アジア非核地帯の設立に向けて、段階的努力を積み上げて行くことが、この課題に対する基本的な目標となるべきであろう。そのことは本書においても提案されている（156ページ）。現在、日本政府が、米国の核抑止力に託している安全保障上の懸念は、核兵器に依存しなくても、東北アジア非核地帯の確立によってすべてが解消する。

私たちが提案している非核地帯の現実案は、東北アジアの非核兵器保有国、つまり、日本、韓国、朝鮮民主主義人民共和国（北朝鮮）が中心となって非核地帯条約を結び、それに周辺の核兵器保有国が議定書などで参加するというものである。非核国家にモンゴルも加わればなお素晴らしい。この条約において、非核国家は、核兵器の開発、保有、配備などを相互検証制度の下で禁止され、核保有国は、条約で定められた地帯内に核兵器の配備をしないこと、条約加盟国に核攻撃や核攻撃の威嚇を行わないこと（「消極的安全保障」と呼ばれる）を議定書で約束する。この他にも、斬新な内容を盛り込むことは可能であるが、上に述べたような内容は、既存の非核地帯条約が標準的に備えている内容である。そのうえ、このような条約は、日本の非核三原則や「朝鮮半島非核化宣言」（1992年1月20日）という既存の政策や合意を基礎として作成することができる。

このような「平凡な」内容であっても、以下に見るとおり、この地域にとって致命的に重要な安全保障上の役割を果たす。

※朝鮮半島から見たときに、日本の核兵器開発疑惑を、検証制度の下で確かめることができる。日本から見たとき、北朝鮮の核開発疑惑を同じように検証できる。あるいは、韓国の「核主権論」が発展することを未然に防止できる。

※日本政府がしばしば不信感を表明する、中国の「非核国を核攻撃をしない」という長年の無条件の約束を、法的拘束力のあるものにすることができる。ロシアに対しても同様である。北朝鮮からすれば、米国から同様な約束をとりつけることができる。条約ができた後にこれらの約束を破ることは、国際法違反となり、国際的制裁を受けることになる。

※北朝鮮が、化学兵器禁止条約に加盟していないことが、日本の懸念材料となっている。また、現在の生物兵器禁止条約の検証制度が弱いことも、国際的な課題である。非核地帯条約の交渉過程は、このような問題を協議する場となる。化学・生物兵器に核兵器を対置する誤った考えに基づくのではなく、すでに存在している禁止条約の強化の具体策を追求することになる。非核地帯条約のなかに、なんらかの条項を設けることも考えられる。

※非核地帯条約を実行するための条約国会議は、東北アジアにおける安保問題全般を協議する、より包括的な「地域安全保障会議」の基礎となる。旧態依然たる米軍主導の安保構造から、新しい協

調的安保への出発点となる。

つけ加えるならば、既存の非核地帯条約では、艦船・航空機に搭載された核兵器の通過、寄港を禁止したものは1つもない。しかし、日本は非核三原則がそれを禁じ、日本政府が、日米密約が暴露された後もその順守をくり返し表明していることから、東北アジア非核地帯は世界で初めて、領海通過・寄港を禁止した非核地帯条約になる可能性がある。逆に、もし日本政府が国民にウソをつきつづけているとすると、ウソの発覚を恐れて日本政府が東北アジア非核地帯の交渉を拒否し続けるという悲しいシナリオも考えられる。私は、東北アジア非核地帯の設立が、「国是と言われる非核三原則が国民に信用されない」事態を正しい方向に解決する契機となるべきであると考えている。

補章の最後に、冒頭の「日本語版の発行によせて」に書いたことをくり返しておきたい。もし、日本政府の核兵器依存政策が変わらず（変えられず）、勢いを増した世界の核兵器廃絶運動に日本がついて行けない状況を迎えたならば、被爆国日本の市民は、もっとも深いところで、道義的な挫折を味わうことになるだろう。それは、ある意味で戦後日本の民主主義の致命的な敗北を意味する。そうならないように、核兵器廃絶という人類的課題に、私たちすべてが立ち上がるべきときである。

■著者／ロバート・D・グリーン
英国海軍中佐（退役）。NGO「中堅国家構想」国際運営委員。世界法廷運動イギリス議長。1962〜82年、英国海軍に勤務。艦隊飛行部隊オブザーバー（爆撃誘導士）として、空母搭載核攻撃機バッカニア（1968〜72）、核爆雷装備対潜水艦ヘリコプター（1972〜77）に搭乗。その後、ロンドンの国防省で海軍参謀次長（政策担当）つき幕僚となり（1978〜80）、弾道ミサイル潜水艦ポラリスからトライデントへの転換の決定に深くかかわった。1981年に自主退役を申請し、フォークランド戦争後退役。退役理由の一つの理由は、海軍の提言に反してサッチャー氏がポラリスからトライデントへの転換を決定したこと。ソ連の崩壊と湾岸戦争がグリーンを動かし、核兵器反対の声を上げさせた。

■訳者／梅林宏道（うめばやし・ひろみち）
NPO法人ピースデポ代表。太平洋軍備撤廃運動（PCDS）国際コーディネーター。隔週刊『核兵器・核実験モニター』を責任編集。著書：『情報公開法でとらえた・在日米軍』『情報公開法でとらえた・沖縄の米軍』（高文研）他。訳書：『核兵器廃絶への新しい道——中堅国家構想』（高文研）他。
連絡先：NPO法人ピースデポ
〒223-0051 横浜市港北区箕輪町3-3-1 日吉グリューネ102
電話045-563-5101／Fax045-563-9907

阿部純子（あべ・じゅんこ）
ピースデポ松山ポスト。「平和のためのヒロシマ通訳者グループ」（HIP）所属。

検証「核抑止論」——現代の「裸の王様」

●2000年11月20日————————第1刷

著　者／ロバート・D・グリーン
訳　者／梅林宏道・阿部純子
発行所／株式会社　高文研
東京都千代田区猿楽町2-1-8　〒101-0064
TEL 03-3295-3415　振替00160-6-18956
http://www.koubunken.co.jp
組版／高文研電算室

印刷・製本／光陽印刷株式会社

ISBN4-87498-248-4